dux femina facti.
vide hic Lib. v. 34.

Prise de la Pucelle par les Anglois au Siege de Compiegne. (Vigilles du temps.) La valeur peut plier quand le nombre l'affronte.

la dame de Calages, Judit, chant 8, p. 112
Tolose. 1660.

LA PUCELLE D'ORLEANS

POËME.

DIVISÉ EN QUINZE LIVRES.

Pudet me humani generis cujus mentes et aures talia ferre potuerunt. Augustin.

PAR

MONSIEUR DE V***

Uni cedit Homero. Juv. Sat. 7.

Quidquid calcaverit hic rosa fiat.

Pers. S. 2.

Son livre a des graces si belles
Qu'il semble qu'Amour l'ait
D'une des plumes de ses ailes.
De Scudéry

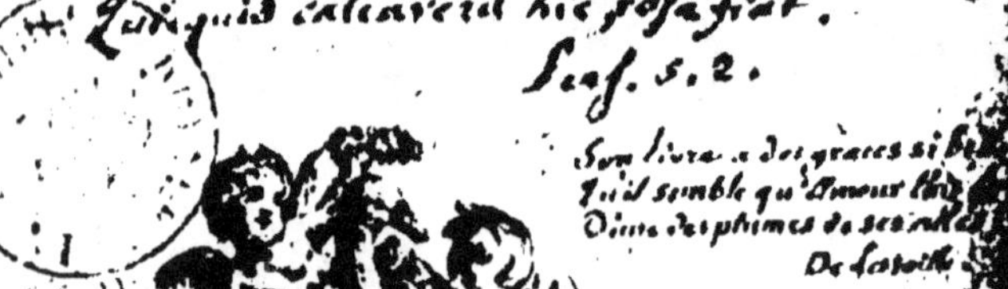

LOUVAIN (c.à.d. Genève)

MDCCLV

Dessous la jupe elle a le caleçon,
Monte à cheval sans toucher à l'arçon,
Jure à trois dez, fusse mort sang et teste,
Et sans attendre un carnaval ou feste
Je croirois bien qu'on feroit un garçon
De cette fille.

Malleville, p. 267. 1659.

Nos poëtes chrétiens, presque tous ennuyeux,
Ont à peine formé des sons harmonieux.

Racine, épître à Valincourt, à la suite du poëme sur la Grâce : édit. 1722.

Extrait de la Gazette d'Utrecht du 3. Janvier 1737. N° 2. (rapporté dans une note [illegible] p. 1693. 1737.)

+ Vide anno 1756 — art. Paris. 28. Xbre 1736.

.... Il paraît un nouveau poëme de M. de Voltaire, intitulé la Pucelle. Si l'esprit joint à une imagination vive et brillante suffisaient pour rendre un ouvrage recommandable, on assure que celui-ci aurait les succès heureux qui accompagnent ordinairement ceux de M. de Voltaire ; mais on ajoute que les personnes qui respectent la piété ne pourraient être entièrement satisfaites de celui-ci. Aussi ne le débite-t-on qu'en secret et avec toute la précaution possible. Plusieurs personnes sont persuadées que M. de V. ne reviendra point en France, et qu'il préférera le séjour des pays étrangers, afin de pouvoir y écrire avec une pleine liberté d'esprit et de sentimens.

M'a été donné par Dom Nicolas Noel B. de S. G. d. P. Ingénieur en optique du roi, de l'A. d'Ang. auteur du grand Telescope du roi, à Paris 27 juin 1756.

VOici enfin la Pucelle d'Orleans, ce n'est pas celle de Chapelain, c'est l'amusement d'un homme celebre, dont je ne ferai point ici l'éloge.

Il y a près de trente ans que j'ai ce Manuscript dans mon porte feuille : je le fais imprimer pour deux raisons : la pre-

premiere, c'est que je suis persuadé que cette plaisanterie* divertira tous les honnêtes gens; la seconde, c'est qu'il en court tant des Copies impertinentes & défigurées de toutes façons, qu'en qualité d'Amateur des lettres, je me suis fait un devoir de publier ce Poëme, que je regarde comme un des bons ouvrages de l'Auteur, malgré l'oubli ou il l'avoit condamné.

* Les Nouvelles Ecclésiastiques du 23. Octobre 1757. pag. 175. la traitent, d'abominable poëme de la Pucelle de Voltaire &c.

NB. D'un nombre infini d'editions qui ont été faites de ce charmant ouvrage, la plus estimée, qu'on avoit donnée par l'auteur, est celle de 1762. en 20. chants, avec des notes et des fig. et une preface de dom Apuleius Risorius benedictin. In-12. pour 303. pages de 30 [illegible] papier fin, [illegible] vers à chaque page.

LIVRE

LIVRE PREMIER.

Amours honnêtes de Charles VII. & d'Agnès Sorel. Siége d'Orléans par les Anglois. Aparition de St. Denis, &c. &c. &c.

VOus m'ordonnez de célébrer des Saints.
Ma voix est foible, & même un peu profane.
Il faut pourtant vous chanter cette Jeanne,
Qui fit, dit-on, des prodiges divins,
Elle affermit de ses pucelles mains
Des fleurs de lys la tige Gallicane,
Sauva son Roi de la rage Anglicane,
Et le fit oindre au maître-autel de Rheims.
Jeanne montra sous feminin visage,
Sous le corset & sous le cottillon
D'un vrai Roland le vigoureux courage.
J'aimerois mieux le soir pour mon usage
Une beauté douce comme un mouton;
Mais Jeanne d'Arc eut un cœur de Lyon:
Vous le verrez, si lisez cet ouvrage.
Vous tremblerez de ses exploits nouveaux,
Et le plus grand de ses rares travaux
Fut de garder un an son pucelage.
O Chapelain, toi dont le violon
De discordante & Gotique mémoire,
Sous un archet maudit par Apollon
D'un ton si dur à raclé son histoire:
Vieux Chapelain, pour l'honneur de ton art
Tu voudrais bien me prêter ton génie.

Je n'en veux point; c'est pour la Motte-Houdart
Quand l'Iliade est par lui travestie.
 Le bon Roi Charle au printems de ses jours,
Au tems de Pâque en la cité de Tours,
A certain bal (ce Prince aimoit la danse)
Avoit trouvé pour le bien de la France,
Une beauté nommée Agnès Sorel.
Jamais l'amour ne forma rien de tel.
Imaginez de Flore la jeunesse,
La taille & l'air de la Nimphe des bois
Et de Venus la grace enchanteresse,
Et de l'amour le séduisant minois,
L'art d'Aracné, le doux chant des Sirénes;
Elle avait tout; elle aurait dans ses chaines
Mis les Héros, les Sages & les Rois.
La voir, l'aimer, sentir l'ardeur brulante
Des doux désirs en leur chaleur naissante,
Lorgner Agnès, soupirer & trembler,
Perdre la voix en voulant lui parler,
Presser ses mains d'une main carressante,
Laisser briller sa flamme impatiente,
Montrer son trouble, en causer à son tour,
Lui plaire enfin fut l'affaire d'un jour.
Princes & Rois vont très-vite en amour.
Agnès voulut savante en l'art de plaire,
Couvrir le tout des voiles du mistère,
Voile de gaze & que les courtisans
Percent toujours de leurs yeux malfaisants.
 Donc, pour cacher comme on peut cette affaire
Le Roi choisit le conseiller Bonneau,
Confident sûr, & très-bon Tourangeau:
Il eut l'emploi qui certes n'est pas mince
Et qu'à la Cour où tout se peint en beau,
Nous apellons être l'ami du Prince,
Et qu'à la ville, & surtout en Province

Le

Les gens groſſiers ont nommé Maquereau,
Monſieur Bonneau ſur le bord de la Loire,
Etait Seigneur d'un fort joli château.
Agnès un ſoir s'y rendit en bateau,
Et le Roi Charle y vint à la nuit noire.
On y ſoupa; Bonneau ſervit à boire.
Tout fut ſans faſte, & non pas ſans aprêts.
Feſtins de Dieux vous n'êtes rien auprès,
Nos deux amans pleins de trouble & de joïe,
Ivres d'amour, à leur déſirs en proïe,
Se renvoïoient des regards enchanteurs,
De leurs plaiſirs brulants avant-coureurs.
Les doux propos, libres ſans indécence,
Aiguillonnaient leur vive impatience.
Le Prince en feu des yeux la dévoroit;
Contes d'amour d'un air tendre il faiſoit,
Et du genou le genou lui ſerroit.
Le ſouper fait on eut une muſique
Italienne en genre Cromatique;
On y mêla trois différentes voix
Aux violons, aux flûtes, aux haut-bois.
Elles chantoient l'allégorique hiſtoire
De cent héros qu'amour avait domptés,
Et qui pour plaire à de tendres beautés
Avoient quitté les fureurs de la gloire.
Dans un réduit cette muſique étoit,
Près de la chambre où le bon Roi ſoupoit.
La belle Agnès diſcréte & retenue,
Entendoit tout, & d'aucuns n'étoit vue.
Déja la Lune eſt au haut de ſon cours;
Voilà minuit; c'eſt l'heure des amours.
Dans une alcove artiſtement dorée,
Point trop obſcure & point trop éclairée,
Entre deux draps que la Friſe a tiſſus,
D'Agnès Sorel les charmes ſont reçus.

A 2 Près

Près de l'alcove une porte est ouverte
Que Dame Alix suivante très-experte,
En s'en allant oublia de fermer.
O vous amants, vous qui savez aimer,
Vous voyez bien l'extrême impatience
Dont pétilloit nôtre bon Roi de France.
Sur ses cheveux en tresses retenus,
Parfums exquis sont déja répandus.
Il vient, il entre au lit de sa maitresse;
Moment charmant de joye & de tendresse,
Le cœur leur bat; l'amour & la pudeur
Au front d'Agnès font monter la rougeur.
La pudeur passe & l'amour seul demeure.
Son tendre amant l'embrasse tout-à-l'heure.
Ses yeux ardents, éblouis, enchantés,
Avidemment parcourent ses beautés.
Qui n'en seroit en effet idolâtre?
Sous un cou blanc qui fait honte à l'albâtre
Sont deux têtons séparés, faits au tour,
Allans, venans, arrondis par l'amour.
Leur boutonnet est de couleur de rose;
Teton charmant qui jamais ne repose,
Vous invitiez les mains à vous presser
L'œuil à vous voir, la bouche à vous baiser.
Pour mes Lecteurs tout plein de complaisance,
J'allois montrer à leurs yeux ébaudis
De ce beau corps les contours arrondis;
Mais la vertu qu'on nomme bienséance,
Vient arrêter mes pinceaux trop hardis.
Tout est beauté, tout est charmes dans elle.
La volupté dont Agnès a sa part,
Lui donne encor une grace nouvelle,
Elle l'anime; amour est un grand fard,
Et le plaisir embellit toute belle.
Trois mois entiers nos deux jeunes amants

Furent

Furent livrés à ces raviſſements.
Du lit d'amour ils vont droit à la table.
Un déjeuné reſtaurant, delectable
Rend à leurs ſens leur premiére vigueur,
Puis pour la chaſſe épris de même ardeur
Ils vont tous deux ſur des chevaux d'Eſpagne
Suivre cent chiens japants dans la campagne.
A leur retour on les conduit aux bains.
Pâtes, parfums, odeurs de l'Arabie,
Qui font la peau douce, fraiche, & polie,
Sont prodigués ſur eux à pleines mains.
Le diner vient, la délicate chére!
L'oiſeau du phaſe, & le coq de bruyère,
De vingt ragoûts l'aprêt délicieux,
Charment le nez, le palais, & les yeux.
Du vin d'Aï la mouſſe pétillante,
Et du Tokai la liqueur jauniſſante
En chatouillant les fibres des cerveaux,
Y porte un feu qui s'exhale en bons mots.
Le diner fait, on digére, on raiſonne,
On conte, on rit, on médit du prochain,
On fait brailler des vers à maître Alain,
On fait venir des Docteurs de Sorbonne,
Des perroquets, un ſinge, un arlequin.
Le Soleil baiſſe; une troupe choiſie
Avec le Roi court à la Comédie,
Et ſur la fin de ce fortuné jour
Le couple heureux s'enivre encor d'amour.
Plongés tous deux dans le ſein des délices,
Ils paraiſſoient en goûter les prémices,
Toûjours heureux, & toûjours plus ardents,
Point de ſoupçons, encor moins de querelles,
Nulle langueur, & l'amour & le tems
Auprès d'Agnès ont oublié leurs aîles.
Charle ſouvent diſoit entre ſes bras

En lui donnant des baisers tout de flamme;
Ma chère Agnès, idôle de mon ame,
Le monde entier ne vaut point vos apas.
Veincre & régner n'est rien qu'une folie.
Mon Parlement me bannit aujourdhui,
Au fier Anglois la France est asservie.
Ah! qu'il soit Roi, mais qu'il me porte envie.
J'ai votre cœur, je sui plus Roi que lui.
Un tel discours n'est pas trop héroïque;
Mais un héros quand il tient dans un lit
Maitresse honnête, & que l'amour le pique,
Peut s'oublier, & ne sait ce qu'il dit.
Comme il menoit cette joïeuse vie,
Tel qu'un Abbé dans sa grasse Abbaïe,
Le Prince Anglois toujours plein de furie,
Toûjours aux champs, toujours armé, botté,
Le pot en tête, & la dague au côté,
Lance en arrêt, la visière haussée,
Fouloit aux pieds la France terrassée
Il marche, il vole, il renverse en son cours
Les murs épais, les ménaçantes tours,
Répand le sang, prend l'argent, taxe, pille,
Livre aux soldats & la mére, & la fille,
Fait violer des Couvents de Nonains,
Boit le muscat des péres Bernardins,
Frappe en écus l'or qui couvre les Saints,
Et sans respect pour *Jesus* ni *Marie*
De mainte Eglise il fait mainte écurie,
Ainsi qu'on voit dans une bergerie
Des loups sanglants de carnage altérés,
Et sous leurs dents les troupeaux déchirés,
Tandis qu'au loin couché dans la prairie
Colin s'endort sur le sein d'Egerie,
Et que son chien près d'eux est occupé,
A se saisir des restes du soupé.

Or,

Or, du plus haut du brillant Apogée,
Séjour des saints, & fort loin de nos yeux,
Le bon Denis prêcheur de nos aieux,
Vit les malheurs de la France affligée,
L'état horrible où l'Anglois l'a plongée,
Paris aux fers, & le Roi très-Chrétien
Baisant Agnès, & ne songeant à rien.
Ce bon Denis est patron de France
Ainsi que Mars fut le saint des Romains,
Ou bien Pallas chez les Athéniens.
Il faut pourtant en faire différence,
Un Saint vaut mieux que tous les Dieux paiens.
Ah, par mon chef, dit il, il n'est pas juste
De voir ainsi tomber l'Empire Auguste,
Où de la foi j'ai planté l'étendart;
Trône des lys tu cours trop de hazard,
Sang de Valois je ressens tes miséres,
Ne souffrons pas que les superbes fréres,
De Henri cinq sans droit & sans raison,
Chassent ainsi le fils de la maison.
J'ai, quoi que Saint, & Dieu me le pardonne,
Aversion pour la race Bretonne,
Car si j'en crois le livre des destins,
Un jour ces gens raisonneurs & mutins
Se gausseront des saintes Décrétales,
Déchireront les Romaines Annales,
Et tous les ans le Pape bruleront.
Vengeons de loin ce sacrilége affront;
Mes chers François seront tous catholiques;
Ces fiers Anglois seront tous hérétiques.
Frappons, chassons ces dogues Britaniques,
Punissons les par quelque nouveau tour,
De tout le mal qu'ils doivent faire un jour.
Des Gallicans ainsi parloit l'apôtre,
De maudissons lardant sa patenôtre.

Et cependant que tout ſeul il parloit,
Dans Orléans un Conſeil ſe tenait.
Par les Anglois cette ville bloquée
Au Roi de France allait être extorquée.
Quelques Seigneurs & quelques Conſeillers;
Les uns pédants & les autres guerriers,
Sur divers tons déplorant leur miſére,
Pour leur refrain diſoient, que faut il faire?
Poton, la Hire, & ce brave Dunois,
S'écrioient tous en ſe mordant les doigts;
Allons, amis, mourons pour la patrie,
Mais aux Anglois vendons cher nôtre vie.
Le Richemont crioit tout haut, par Dieu!
Dans Orléans il faut mettre le feu,
Et que l'Anglois qui penſe ici nous prendre
N'ait rien de nous que fumée & que cendre.
Pour La Trimouille, il diſoit, attendons
Juſqu'à demain, & beau jeu nous verrons.
Le préſidant Louvet grand perſonnage,
Au maintien grave & qu'on eût pris pour ſage,
Dit: je voudrois que préalablement
Nous fiſſions rendre arrêt de Parlement
Contre l'Anglois, & qu'en ce cas énorme
Sur toute choſe on procédât en forme.
Sur cette affaire ils parloient tous fort bien,
Ils diſoient d'or, & ne concluoient rien.
Comme ils parloient on vit par la fenêtre
Je ne ſais quoi dans les airs aparoître:
Un beau fantôme au viſage vermeil
Sur un raion détaché du Soleil,
Des Cieux ouverts fend la voute profonde,
Odeur de Saint ſe ſentoit à la ronde.
Le bon Denis deſſus ſon chef avoit
A deux pendants une Mitre pointue
D'or & d'argent ſur le ſommet fendue.

Sa

Sa dalmatique au gré des vents flottoit,
Son front brilloit d'une sainte auréole,
Son cou panché laissoit voir son étole,
Sa main portoit ce bâton pastoral
Qui fut jadis *lituus augural*.
A cet objet qu'on discernoit fort mal,
Voilà d'abord Monsieur de La Trimouille,
Paillard dévot, qui prie & s'agenouille.
Le Richemont qui porte un cœur de fer,
Blasphémateur, jureur impitoyable,
Haussant sa voix, dit que c'étoit un Diable
Qui leur venoit du fin fond de l'enfer;
Que ce seroit chose très agréable
Si l'on pouvoit parler à Lucifer.
Maître Louvet s'en courut au plus vite
Chercher un pot tout rempli d'eau bénite.
Poton, La Hire, & Dunois ébahis
Ouvrent tout trois de grands yeux ébaubis.
Tous les valets sont couchés sur le ventre.
L'objet aproche, & le saint fantome entre
Tout doucement porté sur son rayon,
Puis donne à tous sa bénédiction.
Soudain chacun se signe & se prosterne:
Il les reléve avec un air paterne,
Puis il leur dit; » Ne faut vous effrayer,
» Je suis Denis, & saint de mon métier,
» J'aimai la Gaule, & l'ai catéchisée,
» Et ma bonne ame est très scandalisée
» De voir Charlot mon filleul tant aimé,
» Dont le pays en cendre est consumé,
» Et qui s'amuse, au lieu de le défendre,
» A deux tetons qu'il ne cesse de prendre.
» J'ai résolu d'assister aujourdhui
» Les bons François qui combattent pour lui,
» Je veux finir leur peine & leur misére.

» Tout

» Tout mal guérit, dit-on, par son contraire,
» Or si Charlot veut pour une Catin
» Perdre la France & l'honneur avec elle,
» J'ai résolu pour changer son destin
» De me servir des mains d'une pucelle.
» Vous si d'enhaut vous désirez les biens,
» Si vos cœurs sont & François & Chrétiens,
» Si vous aimez, le Roi, l'État, l'Eglise,
» Assistez-moi dans ma sainte entreprise,
» Montrez le nid où convient de chercher
» Ce vrai Phénix que je veux dénicher,
A tant se tut le vénérable Sire.
Quand il eut fait, chacun se prit à rire,
Le Richemont né plaisant & moqueur,
Lui dit; ma foi, mon cher Prédicateur,
Monsieur le saint, ce n'étoit pas la peine
D'abandonner le céleste domaine
Pour demander à ce peuple méchant
Ce beau joyau que vous estimez tant,
Quand il s'agit de sauver une ville
Un pucelage est une arme inutile.
Pourquoi d'ailleurs le prendre en ce pays,
Vous en avez tant dans le Paradis!
Rome & Lorette ont cent fois moins de cierges
Que chez les saints il n'est là haut de vierges.
Chez les François, hélas, il n'en est plus.
Tous nos moûtiers sont à sec là-dessus.
Nos francs Archers, nos Officiers, nos Princes
Ont dès longtems dégarni les Provinces.
Ils ont tous fait en dépit de vos saints,
Plus de batards encor que d'orphelins.
Monsieur Denis, pour finir nos querelles,
Cherchez ailleurs, s'il vous plait, des pucelles.
Le Saint rougit de ce discours brutal;
Puis aussi-tôt il remonte à cheval;

Sur

Sur son rayon sans dire une parole;
Pique des deux; & par les airs s'envole,
Pour déterrer, s'il peut ce beau bijou
Qu'on tient si rare & dont il semble fou.
Laissons-le aller; & tandis qu'il se perche
Sur l'un des traits qui vont porter le jour,
Ami lecteur, puissiez-vous en amour
Avoir le bien de trouver ce qu'il cherche.

Sermo est actionis umbra. Democ. in Plutarch.

LIVRE SECOND.

Jeanne armée par Saint Denis, va trouver Charles VII. à Tours: ce qu'elle fit en chemin.

HEureux cent fois qui trouve un pucelage:
C'est un grand bien, mais de toucher un cœur
Est à mon sens un plus grand avantage.
Se voir aimer, c'est là le vrai bonheur;
Qu'importe hélas d'arracher une fleur?
C'est à l'amour à nous cueillir la rose;
Mes chers amis, ayons tous cet honneur;
Ainsi soit-il; mais parlons d'autre chose.
Vers les confins du pays Champenois
Où cent poteaux marqués de trois merlettes,
Disoient aux gens, *en Lorraine vous êtes*,
Est un vieux bourg peu fameux autrefois;
Mais il mérite un grand nom dans l'histoire;
Car de lui vient le Salut & la gloire
Des fleurs de Lys, & du peuple Gaulois.
De Dom-Remy chantons tous le Village,

Faiſons paſſer ſon beau nom d'âge en âge.
O Dom Remy! tes pauvres environs
N'ont ni muſcats, ni pêches, ni citrons,
Ni mine d'or, ni bon vin qui nous damne,
Mais c'eſt à toi que la France doit Jeanne.
Jeanne y nâquit; certain Curé du lieu
Faiſant partout des ſerviteurs à Dieu
Ardent au lit, à table, à la priére,
Moine autrefois, de Jeanne fut le pére.
Une robuſte & graſſe Chambriére
Fut l'heureux moule où ce paſteur jetta
Cette beauté, qui les Anglois dompta.
Vers les ſeize ans en une hôtellerie
On l'engagea pour ſervir l'écurie,
A *Vaucouleurs*: (& déjà de ſon nom
La renommée empliſſoit le Canton.)
Son air eſt fier, aſſuré, mais honnête;
Ses grands yeux noirs brillent à fleur de tête:
Trente deux dents d'une égale blancheur,
Sont l'ornement de ſa bouche vermeille
Qui ſemble aller de l'une à l'autre oreille,
Mais bien bordée & vive en ſa couleur
Appetiſſante & fraiche par merveille.
Ses tetons bruns, mais fermes comme un roc,
Tentent la robe, & le caſque, & le froc:
Elle eſt active adroite, vigoureuſe,
Et d'une main potelée & nerveuſe
Soutient fardeaux; verſe cent brocs de vin;
Sert le bourgeois, le noble, le Robin:
Chemin faiſant, vingt ſoufflets diſtribue
Aux étourdis dont l'indiſcrette main
Va tatonnant ſa cuiſſe ou gorge nue;
Travaille & rit du ſoir juſqu'au matin,
Conduit chevaux, les panſe, abreuve, étrille;
Et les preſſant de ſa cuiſſe gentille,

Les

Les monte à cru comme un ſoldat Romain.
O profondeur, ô Divine Sageſſe!
Que tu confonds l'orgueilleuſe foibleſſe
De tous ces grands, ſi petits à tes yeux!
Que les petits ſont grands quand tu le veux!
Ton Serviteur Denis le bienheureux,
N'alla roder aux Palais des Princeſſes,
N'alla chez vous Meſdames les Ducheſſes.
Denis courut, amis, qui le croiroit;
Chercher l'honneur, où? dans un Cabaret!
Il étoit tems que l'Apôtre de France
Envers la Jeanne uſât de diligence,
Le bien public étoit au grand hazard.
De Satanas la malice eſt connuë,
Et ſi le Saint fût arrivé plus tard
D'un ſeul moment, la France étoit perduë.
Un Cordelier nommé Roc Griſbourdon,
Avec Chandos arrivé d'Albion,
Etoit alors dans cette hotellerie:
Il aimoit Jeanne autant que ſa patrie.
C'étoit l'honneur de la pénaillerie;
De tous côtés allant en miſſion;
Prédicateur, confeſſeur, eſpion,
De plus grand clerc en la ſorcelerie,
Savant dans l'art en Egypte ſacré,
Dans ce grand art cultivé chez les Mages,
Chez les Hébreux, chez les antiques Sages,
De nos ſavants dans nos jours ignoré;
Jours malheureux! tout eſt dégénéré.
En feuilletant ſes livres de caballe
Il vit qu'aux ſiens Jeanne ſeroit fatale,
Qu'elle portoit deſſous ſon court jupon
Tout le deſtin d'Angleterre & de France.
Encouragé par la noble aſſiſtance
De ſon génie, il jura ſon cordon

Qu'il

Qu'il saisiroit ce beau Palladium.
J'aurai, dit-il, Jeanne dans ma puissance;
Je suis Anglois, je dois faire le bien
De mon pays, mais plus encor le mien.
Au même temps un ignorant, un rustre
Lui disputait cette conquête illustre;
Cet ignorant valoit un cordelier,
Car vous saurez qu'il était muletier.
Le jour, la nuit, offrant sans fin, sans terme,
Son lourd service & l'amour le plus ferme.
L'occasion, la douce égalité,
Faisoit pancher Jeanne de son côté;
Mais sa pudeur triomphoit de sa flamme
Qui par les yeux se glissoit dans son ame.
Roc Grisbourdon vit sa naissante ardeur.
Mieux qu'elle encor il lisoit dans son cœur.
Il vient trouver son rival si terrible,
Puis il lui tint ce discours très plausible.
Puissant héros, qui pansés au besoin
Tous les mulets commis à vôtre soin,
Je sais combien Jannette vous est chére.
Elle a mon cœur comme elle a tous mes vœux.
Rivaux ardens nous nous craignons tous deux.
En bons amis accordons nous pour elle;
Amans unis, & rivaux sans querelle,
Tatons tous deux de ce morceau friand
Qu'on pouroit perdre en se le disputant.
Conduisez moi vers le lit de la belle,
J'invoquerai le Démon du dormir;
Ses doux pavots vont soudain l'assoupir,
Et tour à tour veillerons pour elle.
Incontinent le pére au grand cordon
Prend son grimoire, évoque le Démon
Qui de morphée eut autrefois le nom.
Ce pesant Diable est maintenant en France
Avec Messieurs il ronfle à l'audience Dans

Dans le parterre il vient bâiller le soir:
   Aux cris du moine il monte en son char noir,
Par deux hiboux trainé dans la nuit sombre.
Dans l'air il glisse, & doucement fend l'ombre.
Les yeux fermés il arrive en baillant,
Se met sur Jeanne, & tatonne & s'étend,
Et secouant son pavot narcotique,
Lui soufle au sein vapeur soporifique.
Tel on nous dit que le moine Girard
En confessant la Gentille Cadiére
Insinuoit de son soufle paillard
De diablotaux une autre fourmilliere.
   Nos deux galants pendant ce doux sommeil
Aiguillonnés du démon du reveil,
Ont de Jannette oté la couverture.
Déja trois dez roulant sur son beau sein
Vont décider, au Jeu de Saint-guilain,
Lequel des deux doit tenter l'avanture.
Le moine gagne; un Sorcier est heureux!
Le Grisbourdon se saisit des en jeux;
Embrasse Jeanne: ô soudaine merveille!
Denis arrive & Jeanne se réveille.
O Dieu qu'un Saint fait trembler tout pécheur!
Nos deux rivaux se renversent de peur.
Chacun d'eux fuit, en portant dans le cœur,
Avec la crainte un desir de malfaire.
Vous avez vu sans doute un Commissaire
Cherchant de nuit un couvent de Vénus;
Un jeune essain de tendrons de mis-nus
Saute du lit, s'ésquive, se dérobe
Aux yeux hagards du noir pédant en robe.
Ainsi fuyoient mes paillards confondus.
Dénis s'avance, & reconforte Jeanne
Tremblante encor de l'attentat profane.
Puis il lui dit: vase d'élection

„ Le Dieu des Rois par ses mains innocentes,
„ Veut des François vanger l'oppression,
„ Et renvoyer dans les champs d'Albion
„ Des fiers Anglois les Cohortes sanglantes.
„ Dieu sait changer d'un souffle tout puissant
„ Le roseau frêle en cèdre du Liban,
„ Secher les mers, abaisser les Colines,
„ Du monde entier reparer les ruines.
„ Devant tes pas la foudre grondera
„ Autour de toi la terreur volera,
„ Et tu verra l'Ange de la victoire
„ Ouvrir pour toi les sentiers de la gloire.
„ Suis-moi, renonce à tes humbles travaux,
„ Viens placer Jeanne au nombre des héros.
A ce discours terrible & patétique
Et qui n'est point en stile académique,
Jeanne étonnée ouvrant un large bec,
Crut quelque tems que l'on lui parloit Grec.
Dans ce moment un rayon de la grace
Dans son esprit porte un jour efficace.
Jeanne sentit dans le fond de son cœur
Tous les élans d'une sublime ardeur.
Non ce n'est plus Jeanne la chambriére;
C'est un héros, c'est une ame guerriére.
Tel un bourgeois humble, simple, grossier
Qu'un vieux richard a fait son héritier
En un palais fait changer sa chaumiére.
Son air honteux devient démarche fiére,
Les grands surpris admirent sa hauteur
Et les petits l'apellent *Monseigneur*.
Or pour hâter leur auguste entreprise
Jeanne & Denis s'en vont droit à l'Eglise.
Lors aparut dessus le maître Autel,
(Fille de Jean quelle fut ta surprise!)
Un beau harnois tout frais venu du Ciel,

Des

Des arcenaux du terrible Empirée,
En cet instant, par l'Archange Michel,
La noble armure avait été tirée;
On y voyoit l'armet de Débora,
Ce clou pointu, funeste à Sizara;
Le caillou rond, dont un Berger fidèle
De Goliath entama la cervelle,
Cette mâchoire avec quoi combattit
Le fier Samson, qui ses cordes rompit,
Lorsqu'il se vit vendu par sa Donzelle,
Le coutelet de la belle Judith,
Cette beauté si saintement perfide,
Qui, pour le Ciel, galante & homicide,
Son cher Amant massacra dans son lit.
A ces objets, Jannette émerveillée,
De cette armure est bien-tôt habillée;
Elle vous prend & casque & corselet;
Brassards, cuissards, baudrier, gantelet;
Lance, clou, dague, épieu, caillou, machoire.
Marche, s'égaïe, & brûle pour la gloire.
  Toute héroïne a besoin d'un Coursier.
Jeanne en demande au triste Muletier;
Mais aussi-tôt un Ane se présente,
Au beau poil gris, à la voix éclatante,
Bien étrillé, sellé, bridé, ferré,
Portant arçons, avec chanfrein doré,
Caracolant, du pied frapant la terre
Comme un Coursier de Thrace, ou d'Angleterre,
  Ce beau grison deux aîles possédoit
Sur son échine, & souvent s'en servoit.
Ainsi Pégase, au haut des deux colines,
Portoit jadis neuf Pucelles Divines;
Et l'Hypogriphe à la Lune volant,
Portoit Astolphe au pays de Saint Jean.
Mon cher Lecteur veut connoître cet âne

Qui

Qui vint alors offrir sa croupe à Jeanne ;
L'le saura, mais dans un autre Chant :
Je l'avertis, cependant qu'il révère
Cet Ane heureux, qui n'est pas sans mystère.
Sur son Grison, Jeanne a déja monté,
Sur son rayon Denis est remonté,
Tous deux s'en vont vers les rives de Loire
Porter au Roi l'espoir de la Victoire.
L'âne, tantôt trotte d'un pied leger ;
Tantôt s'élève & fend les champs de l'air.
Le Cordelier toujours plein de luxure,
Un peu remis de sa triste avanture,
Usant enfin de ses droits de Sorcier,
Change en mulet le pauvre Muletier,
Monte dessus, chevauche, pique & jure
Qu'il suivra Jeanne au bout de la nature.
Le Muletier en son mulet caché,
Bât sur le dos, crut gagner au marché ;
Et du vilain l'ame terrestre & crasse,
A peine vit qu'elle eût changé de place.
Jeanne & Denis s'en alloient donc vers Tours,
Chercher ce Roi plongé dans les amours,
Près d'Orléans, comme ensemble ils passérent,
L'ost des Anglais de nuit ils traversérent.
Ces fiers Bretons ayant bu tristement,
Cuvaient leur vin, dormoient profondement.
Tout était yvre, & goujeats & vedettes,
On n'entendoit ni Tambours ni Trompettes ;
L'un dans sa tente étoit couché tout nud,
L'autre ronflait près d'un page étendu.
Alors Denis, d'une voix paternelle,
Tint ces propos tout bas à la pucelle :
Fille de bien, tu sauras que Nisus
Etant un soir aux tentes de Turnus,
Bien sécondé de son cher Euriale,
Rendit

Rendit la nuit aux Rutulois fatale.
Le même advint au quartier de Rheſus,
Quand la valeur du preux fils de Tidée,
Par la nuit noire & par Uliſſe aidée,
Sut envoyer ſans dangers, ſans effort,
Tant de Troyens du ſommeil à la mort.
Tu peux jouïr de ſemblable victoire,
Parle, dis-moi, veux-tu de cette gloire?
Jeanne lui dit, je n'ai point lû l'hiſtoire;
Mais je ſerois de courage bien bas,
De tuer gens qui ne combattent pas.
Diſant ces mots elle aviſe une tente,
Que les rayons de la lune brillante
Faiſoient paraître à ſes yeux éblouïs,
Tente d'un Chef, ou d'un jeune Marquis;
Cent gros flacons remplis de vin exquis,
Sont tous auprès. Jeanne avec aſſurance
D'un grand pâté prend les vaſtes débris,
Et boit ſix coups avec Monſieur Denis
A la ſanté de ſon bon Roi de France.
La tente était celle de Jean Chandos,
Fameux guerrier qui dormoit ſur le dos.
Jeanne ſaiſit ſa redoutable épée,
Et ſa culotte en velours découpée.
Ainſi jadis, David aimé de Dieu,
Ayant trouvé Saül en certain lieu,
Et lui pouvant ôter très-bien la vie
De ſa chemiſe il lui coupa partie,
Pour faire voir à tous les Potentats
Ce qu'il pût faire, & ce qu'il ne fit pas.
Près de Chandos était un jeune page
De quatorze ans, mais charmant pour ſon âge,
Lequel montroit deux globes faits au tour
Qu'on auroit pris pour ceux du tendre amour.
Non loin du Page étoit un écritoire

Dont

Dont se servoit le jeune homme après boire;
Quand tendrement quelques vers il faisoit,
Pour la beauté qui son cœur séduisoit.
Jeanne prend l'encre, & sa main lui dessine
Trois fleurs de lys, juste dessous l'échine;
Présage heureux du bonheur des Gaulois,
Et monument de l'amour de ses Rois.
Le bon Denis voyoit se pâmant d'aise,
Les lys François sur une fesse Angloise.
Qui fut penaut le lendemain matin?
Ce fut Chandos, ayant cuvé son vin;
Car s'éveillant il vit sur ce beau Page
Les fleurs de lys: Plein d'une juste rage,
Il crie alerte, il croit qu'on le trahit,
A son épée il court auprès du lit;
Il cherche en vain, l'épée est disparuë,
Point de culotte, il se frotte la vuë,
Il gronde, il crie, & pense fermement
Que le grand Diable est entré dans le camp.
Ah! qu'un rayon de Soleil & qu'un âne,
Cet âne aîlé qui sur son dos a Jeanne,
Du Monde entier feraient bientôt le tour.
Jeanne & Denis arrivent à la Cour.
Le doux Prélat sait par expérience
Qu'on est railleur à cette Cour de France.
Il se souvient des propos insolents
Que Richemont lui tint dans Orléans.
Et ne veut plus à pareille avanture.
D'un saint Evêque exposer la figure.
Pour son honneur il prit un nouveau tour,
Il s'affubla de la triste encolure
Du bon Roger Seigneur de Baudricour,
Preux, Chevalier, & ferme Catholique
Hardi parleur, loyal & véridique,
Malgré cela pas trop mal à la Cour.

Eh

„ Eh jour de Dieu, dit-il parlant au Prince,
„ Vous languissez au fonds d'une Province
„ Esclave, Roi, par l'amour enchaîné;
„ Quoi votre bras indignement repose!
„ Ce front Royal ce front n'est couronné,
„ Que de tissus, & de mirthe, & de rose!
„ Et vous laissez vos cruels ennemis
„ Rois dans la France & sur le Trone assis!
„ Allez mourir ou faites la conquête
„ De vos Etats ravis par ces mutins:
„ Le Diadême est fait pour vôtre tête
„ Et les Lauriers n'attendent que vos mains!
„ Dieu dont l'esprit allume mon courage,
„ Dieu dont ma voix annonce le langage,
„ De sa faveur est prêt à vous couvrir.
„ Osez le croire, osez le sécourir,
„ Suivez du moins cette auguste Amazone
„ C'est vôtre apui, c'est le soutien du Trône,
„ C'est par son bras que le Maître des Rois
„ Veut rétablir nos Princes & nos Loix,
„ Jeanne avec vous chassera la famille
„ De cet Anglois si terrible & si fort.
„ Devenez homme, & si c'est vôtre sort
„ D'être à jamais mené par une fille,
„ Fuyez au moins celle qui vous perdit,
„ Qui vôtre cœur dans ses bras amolit,
„ Et digne enfin de ce sécours étrange
„ Suivez les pas de celle qui vous vange.
L'amant d'Agnès eut toûjours dans le cœur
Avec l'amour un très-grand fond d'honneur.
Du vieux soldat le discours patétique
A dissipé son sommeil létargique,
Ainsi qu'un Ange un jour du haut des airs
De sa trompette ébranlant l'univers
Rouvrant la tombe, animant la poussiére,

Rappel-

Rappellera le morts à la lumiére:
Charle éveillé, Charle bouillant d'ardeur,
Ne lui répond qu'en s'écriant aux armes.
Les seuls combats à ses yeux ont des charmes,
Il prend sa pique, il brule de fureur,
Bientôt après la premiére chaleur
De ces transports où son ame est en proie,
Il voulut voir si celle qu'on envoie
Vient de la part du Diable ou du Seigneur,
Ce qu'il doit croire, & si ce grand prodige
Est en effet ou miracle ou prestige.
Donc se tournant vers la fiére beauté,
Le Roi lui dit d'un ton de Majesté,
Qui confondroit toute autre fille qu'elle,
Jeanne écoutez; Jeanne, êtes-vous pucelle?
Jeanne lui dit: O grand Sire, ordonnez
Que médecins, lunettes sur le nez,
Matrones, Clercs, Pédants, Apoticaires,
Viennent sonder ces féminins mistères;
Et si quelqu'un se connait à cela,
Qu'il trousse Jeanne, & qu'il regarde-là,
A sa réponse & sage & mesurée,
Le Roi vit bien qu'elle était inspirée.
Or sus, dit-il, si vous en savez tant,
Filles de bien; dites-moi dans l'instant,
Ce que j'ai fait cette nuit à ma belle;
Mais parlez net. Rien du tout, lui dit-elle,
Le Roi surpris soudain s'agenouilla,
Cria tout haut miracle, & se signa,
Incontinent la cohorte fourée,
Vient observer le pur & noble sein
De la guerriére entre leurs mains livrée:
Bonnet en tête, Hipocrate à la main,
On la met nue, & Monsieur Doyen
Dans le tout consideré très-bien,

Dessus

Dessus, dessous, expédie à la belle
En parchemin un brevet de pucelle;
L'esprit tout fier de ce brevet sacré,
Jeanne soudain d'un pas déliberé,
Retourne au Roi, devant lui s'agénouille,
Et déployant la superbe dépouille
Que sur l'Anglois elle a prise en passant;
Permets, dit-elle, ô mon Maître puissant,
Que sous tes loix la main de ta Servante
Ose vanger la France gémissante,
Je remplirai tes oracles divins,
J'ose à tes yeux jurer par mon courage,
Par cette épée & par mon pucelage,
Que tu seras huilé bientôt à Rheims;
Tu chasseras les Angloises cohortes
Qui d'Orléans environnent les portes.
Viens accomplir les augustes destins
Viens & de Tours abandonnent la rive
Dès ce moment souffre que je te suive.
Les Courtisans autour d'elle pressés,
Les yeux au Ciel & vers Jeanne adressés,
Battent des mains, l'admirent, la secondent.
Cent cris de joye à son discours répondent.
Dans cette foule il n'est point de guerrier
Qui ne voulut lui servir d'écuyer,
Porter sa lance, & lui donner sa vie;
Il n'en est point qui ne soit possedé
Et de la gloire & de la noble envie
De lui ravir ce qu'elle a tant gardé.
Prest à partir chaque Officier s'empresse.
L'un prend congé de sa vieille maîtresse,
L'un sans argent va droit à l'usurier,
L'autre à son hôte, & compte sans payer.
Denis a fait déployer l'oriflamme.
A cet aspect le Roi Charle s'enflamme

D'un

D'un noble espoir à sa valeur égal,
Cet étendart aux ennemis fatal
Cette Héroïne, & cet Ane aux deux aîles
Tout lui promet des palmes immortelles.
Denis voulut en partant des ces lieux,
Des deux Amants épargner les adieux.
On eût versé des larmes trop amères,
On eût perdu des heures toujours chères.
Agnès dormait quoi qu'il fût un peu tard,
Elle étoit loin de craindre un tel départ.
Un songe heureux dont les erreurs la frappent
Lui retraçoit des plaisirs qui s'échapent. *
Elle croyoit tenir entre ses bras
Le cher Amant dont elle est Souveraine;
Songe flatteur tu trompois ses apas.
Son Amant fuit, & Saint Denis l'entraîne.
Tel dans Paris un Médecin prudent
Force au régime un malade gourmand,
A l'appetit se montre inexorable,
Et sans pitié le fait sortir de table.

LIVRE TROISIEME.

Description du Palais de la sottise. Combat vers Orléans. Agnès se revêt de l'armure de Jeanne pour aller trouver son Amant: elle est prise par les Anglois, & sa pudeur souffre beaucoup.

CE n'est le tout d'avoir un grand courage,
Un coup d'œuil ferme au milieu des combats,
D'être

D'être tranquile à l'aspect du carnage,
Et de conduire un monde de soldats;
Car tout cela se voit en tout climats,
Et tour à tour ils ont cet avantage.
Qui me dira si nos ardens Français
Dans ce grand art, l'art affreux de la guerre,
Sont plus savants que l'intrépide Anglais:
Si le Germain l'emporte sur l'Ibéré.
Tous ont vaincu, tous ont étés défaits.
Le grand Condé fut battu par Turenne,
Le fier Villars fut vaincu par Eugène;
De Stanislas le vertueux suport
Ce Roi soldat, Don Quichotte du Nord,
Dont la valeur a paru plus qu'humaine,
N'a t'il pas vu dans le fonds de l'Ukraine
A Pultave tous ses lauriers flétris,
Par un rival objet de ses mépris?
Un beau secret serait, à mon avis,
De bien savoir éblouir le vulgaire,
De s'établir un Divin caractère,
D'en imposer aux yeux des ennemis:
Car les Romains à qui tout fut soumis,
Domptaient l'Europe au milieu des miracles.
Le Ciel pour eux prodigua les oracles.
Jupiter, Mars, Pollux & tous les Dieux
Guidaient leur Aigle, & combattaient pour eux.
Ce grand Bacchus qui mit l'Asie en cendre,
L'antique Hercule & le fier Alexandre,
Pour mieux régner sur les peuples conquis,
De Jupiter ont passé pour les fils.
Et l'on voyait les Princes de la terre
A leurs genoux redouter le tonnerre.
Denis suivit ces exemples fameux,
Il prétendit que Jeanne la pucelle
Chez les Anglais passât même pour telle,

Et que Betfort, & Talbot, & Chandos
Et Tirconel, qui n'étaient pas de sots,
Crussent la chose, & qu'ils vissent dans Jeanne
Un bras divin fatal à tout profane.
Il s'en va prendre un vieux Bénédictin,
Non tel que ceux dont le travail immense
Vient d'enrichir les Libraires de France,
Mais un Prieur engraissé d'ignorance,
Et n'ayant lu que son missel Latin.
Frére Lourdis fut le bon personnage
Qui fut choisi pour ce nouveau voyage.
De vers la lune où l'on tient que jadis
Etait placé dessous le Paradis,
Sur les confins de cet abime immense
Où le cahos, & l'Erébe & la nuit
Avant les tems de l'univers produit,
Ont exercé leur aveugle puissance,
Il est un vaste & caverneux séjour
Peu caressé des doux rayons du jour,
Et qui n'a rien qu'une lumiére affreuse
Froide, tremblante, incertaine & trompeuse;
Pour tout étoile on a des feux folets.
L'air est peuplé de petits farfadets.
De ce pays la Reine est la sottise,
Ce vieil enfant porte une barbe grise,
Oreille longue avec le chef pointu,
Bouche béante, œuil louche, pied tortu.
De l'ignorance elle est, dit-on, la fille.
Près de son trône est sa sotte famille,
Le fol orgueil, l'opiniatreté,
Et la paresse & la crédulité;
Elle est servie, elle est flattée en Reine,
On la croirait en effet Souveraine;
Mais ce n'est rien qu'un fantôme impuissant
Un Chilperic, un vrai Roi fainéant.

La

La fourberie est son ministre avide
Tout est réglé par ce Maire perfide;
Et la sottise est son digne instrument.
Sa Cour plénière est à son gré fournie
De gens profonds en fait d'astrologie,
Sûrs de leur art, à tous momens déçus,
Duppes, frippons, & partant toujours crus.
C'est-là qu'on voit les maîtres d'alchimie
Faisant de l'or, & n'ayant pas un sou,
Les roses-croix, & tout ce peuple fou
Argumentant sur la Théologie.
Le gros Lourdis pour aller en ces lieux
Fut donc choisi parmi tous ses confréres.
Lorsque la nuit couvroit le front des Cieux
D'un tourbillon de vapeurs non légéres,
Enveloppé dans le sein du repos,
Il fut conduit au paradis des sots.
Quand il y fut, il ne s'étonna guères;
Tout lui plaisait, & même en arrivant
Il crut encor être dans son couvent.
Il vit d'abord la suite emblêmatique
Des beaux tableaux de ce séjour antique.
Caco-Démon qui ce grand temple orna
Sur la muraille à plaisir grifonna
Un long tableau de toutes nos sottises,
Traits d'étourdi, pas de clerc, balourdises
Projets mal faits, plus mal exécutés
Et tous les mois du mercure vantés.
Dans cet amas de merveilles confuses;
Parmi ces flots d'imposteurs & de buses,
On voit surtout un superbe Ecossais
Laws est son nom; nouveau Roi des Français,
D'un beau papier il porte un diadéme,
Et sur son front il est écrit *sistême*.
Environné de grands balots de vent,

Sa noble main les donne à tous venants;
Prêtres, catins, guerriers, gens de juſtice
Lui vont porter leur or par avarice.
Ah quel ſpectacle! Ah vous êtes donc là!
Tendre Eſcobar, ſuffiſant Molina,
Petit Doucin dont la main pateline
Donne à baiſer une bulle Divine,
Que le Tellier lourdement fabriqua,
Dont Rome même en ſecret ſe moqua,
Et qui chez nous eſt la noble origine
De nos partis, de nos diviſions,
Et qui pis eſt de volumes profonds
Remplis, dit-on, de poiſons hérétiques;
Tous poiſons froids, & tous ſoporifiques.
Les combattans nouveaux Bellérofons,
Dans cette nuit montés ſur des chimères,
Les yeux bandés cherchent leurs adverſaires;
De longs ſiflets leur ſervent de clairons,
Et dans leur docte & ſainte frénéſie
Ils vont frappant à grands coups de veſſie.
Ciel, que d'écrits! de diſquiſitions,
De mandements & d'explications,
Que l'on explique encor peur de s'entendre.
O Croniqueur des héros du Scamandre,
Toi qui jadis des grenouilles, des rats
Si doctement as chanté les combats,
Sors du tombeau, viens célébrer la guerre
Que pour la bulle on fera ſur la terre.
Le Janſéniſte eſclave du deſtin,
Enfant perdu de la grace efficace,
Dans ſes drapeaux porte un Saint Auguſtin,
Et pour pluſieurs il marche avec audace.
Les ennemis s'avançent tout courbés
Deſſus les dos de cent petits Abbés.
Ceſſez, ceſſez, ô diſcordes civiles;

Tout

Tout va changer; place, place, imbéciles.
Un grand tombeau, sans ornement, sans art,
Est élevé non loin de Saint Médard.
L'esprit divin pour éclairer la France
Sous cette tombe enferme sa puissance.
L'aveugle y court; & d'un pas chancelant
Aux quinze-vingt retourne en tâtonnant.
Le boiteux vient clopinant sur sa tombe,
Crie hosanna, saute, gigotte, & tombe.
Le sourd aproche, écoute, & n'entend rien.
Tout aussitôt de pauvres gens de bien
D'aise pâmés, vrais témoins de miracle,
Du bon Pâris baisent le tabernacle.
Frére Lourdis fixant ses deux gros yeux
Voit ce saint œuvre, en rend graces aux Cieux;
Joint les deux mains, & riant d'un sot rire
Ne comprend rien, & toute chose admire.
Ah! le voici ce savant tribunal
Moitié Prélats, & moitié monacal;
D'Inquisiteurs une troupe sacrée,
Est-là pour DIEU de Sbires entourée.
Ces saints Docteurs assis en jugement
Ont pour habit plumes en chathuant;
Oreilles d'âne ornent leur tête auguste;
Et pour peser le juste avec l'injuste,
Le vrai le faux, balance est dans leurs mains.
Cette balance a deux larges bassins;
L'un tout comblé contient lorsqu'ils excroquent
Le bien, le sang des Pénitens qu'ils croquent;
Dans l'autre sont bulles, brefs, orémus
Beaux chapelets, scapulaires, agnus.
Aux piecs bénits de la docte assemblée
Voyez-vous pas le pauvre Galilée,
Qui tout contrit leur demande pardon,
Bien condamné, pour avoir eu raison?

Murs de Loudun, quel nouveau feu s'alume?
C'est un Curé que le bucher consume:
Douze faquins ont déclaré forcier
Et fait griller Messire Urbain Grandier.
Galigaï, ma chere Maréchale,
Ah, qu'aux savants nôtre France est fatale!
Car on te chaufe en feu brillant & clair,
Pour avoir fait pacte avec Lucifer.
Je vois plus loin cet arrest autentique
Pour Aristote, & contre l'émétique.
Venez, venez mon beau pére Girard,
Vous méritez un long article à part.
Vous voilà donc mon confesseur de fille,
Tendre dévot qui préchez à la grille;
Que dites vous des pénitens apas
De ce tendron converti dans vos bras?
J'estime fort cette douce avanture.
Tout est humain, Girard, en vôte fait:
Ce n'est pas là pécher contre nature:
Que de dévots en ont encor plus fait!
Mais mon ami je ne m'attendais guère
De voir entrer le Diable en cette affaire.
Girard, Girard, tous tes accusateurs,
Jacobin, carme, & faiseur d'Ecriture,
Juges, témoins, ennemis, protecteurs,
Aucun de vous n'est sorcier, je vous jure.
Lourdis était aussi de ce tableau;
Mais à ses yeux il n'en put rien paraitre.
Il ne vit rien; le cas n'est pas nouveau;
Le plus habile a peine à se connaître.
Quand vers la Lune ainsi l'on préparait
Contre l'Anglais cet innocent mistère,
Une autre scéne en ce moment s'ouvrait,
Chez les grands fous du monde Sublunaire.
Charle est déja parti pour Orléans,

Ses étendarts flottent au gré des vents.
A ses côtés Jeanne le Casque en tête
Déja de Rheims lui promet la conquête.
Voyez-vous pas ces jeunes Ecuyers,
Et cette fleur de Loyaux Chevaliers?
La lance au poing cette troupe environne
Avec respect notre Sainte Amazonne.
Ainsi l'on voit le sexe masculin
A Fontevraux servir le feminin. Fontevrauld
Le Sceptre est là dans les mains d'une femme;
Et pére Anselme est béni par Madame.
La belle Agnés en ces cruels moments
Ne voyant plus son amant qu'elle adore,
Céde au chagrin dont l'excès la dévore.
Un froid mortel s'empare de ses sens.
L'ami Bonneau toujours plein d'industrie
En cent façons la rapelle à la vie.
Elle ouvre encor ses yeux, ces doux vainqueurs,
Mais ce n'est plus que pour verser des pleurs.
Puis sur Bonneau se penchant d'un air tendre:
C'en est donc fait, dit-elle on me trahit.
Ou va-t-il donc? que veut-il entreprendre?
Etait-ce là les serments qu'il me fit
Lorsqu'à sa flamme il me fit condescendre?
Toute la nuit il faudra donc m'étendre,
Sans mon amant, seule au milieu d'un lit?
Et cependant cette Jeanne hardie,
Non des Anglais, mais d'Agnès ennemie,
Va contre moy lui prévenir l'esprit.
Ciel! que je hais ces créatures fiéres,
Soldats en juppe, hommasses Chevalières,
Du Sexe mâle affectant la valeur,
Sans posséder les agréments du nôtre;
A tous les deux prétendant faire honneur,
Et qui ne sont ny de l'un ni de l'autre.

Disant ces mots elle pleure & rougit
Frémit de rage, & de douleur gemit.
La jalousie en ses yeux étincèle,
Puis tout à coup d'une ruse nouvelle
Le tendre amour lui fournit le dessein.
 Vers Orleans elle prend son chemin,
De Dame Alix & de Bonneau suivie.
Agnès arrive en une hotellerie,
Où dans l'instant lasse de chevaucher,
La fiére Jeanne avait été coucher.
Agnès attend qu'en ce logis tout dorme,
Et cependant subtilement s'informe
Où couche Jeanne, où l'on met son harnois,
Puis dans la nuit se glisse en tapinois;
De Jean Chandos prend la culotte, & passe
Ses cuisses entre, & l'aiguillette lâçe;
De l'amazone elle prend la cuirasse.
Le dur acier forgé pour les combats,
Presse & meurtrit ses membres délicats.
L'ami Bonneau la soutient sous les bras.
 La belle Agnès dit alors à voix basse,
Amour, amour, maitre de tous mes sens,
Donne la force à cette main tremblante,
Fais moi porter cette armure pesante,
Pour mieux toucher l'auteur de mes tourments.
Mon amant veut une fille guerriére,
Tu fais d'Agnès un soldat pour lui plaire:
Je le suivrai, qu'il permette aujourdhui
Que ce soit moi qui combatte avec lui.
Et si jamais la terrible tempête
Des dards Anglais vient menacer sa tête,
Qu'il tombent tous sur ces tristes apas,
Qu'il soit du moins sauvé par mon trépas,
Qu'il vive heureux, que je meure pâmée,
Entre ses bras, & que je meure aimée.

Tandis

Tandis qu'ainsi cette belle parlait,
Et que Bonneau, ses armes lui mettait,
Le Roi Charlot à trois milles était,
La tendre Agnès prétend à l'heure même
Pendant la nuit aller voir ce qu'elle aime.
Ainsi vétue & pliant sous le poids,
N'en pouvant plus, maudissant son harnois,
Sur un cheval elle s'en va juchée,
Jambe meurtrie, & la fesse écorchée.
Le gros Bonneau sur un normand monté,
Va lourdement & ronfle à son côté.
Le tendre amour qui craint tout pour la belle
La voit partir & soupire pour elle.
Agnès à peine avait gagné chemin
Qu'elle entendit devers un bois voisin,
Bruit de Chevaux, & grand cliquetis d'armes.
Le bruit redouble; & voici des gens d'armes,
Vêtus de Rouge, & pour comble de maux,
C'était les gens de Monsieur Jean Chandos.
L'un d'eux s'avance & demande: *qui vive?*
A ce grand cri nôtre amante naïve
Songeant au Roi, répondit sans détour,
Je suis Agnès, vive France, & l'amour.
A ces deux noms que le Ciel équitable
Voulut unir du nœud le plus durable,
On prend Agnès & son gros confident,
Ils sont tous deux menés incontinent
A ce Chandos qui terrible en sa rage
Avait juré de vanger son outrage,
Et de punir les brigans ennemis
Qui sa culotte & son fer avaient pris.
Dans ces momens où la main bien faisante
Du doux sommeil laisse nos yeux ouverts,
Quand les oiseaux reprennent leurs concerts,
Qu'on sent en soi sa vigueur renaissante,

Que

Que les désirs péres des voluptés,
Sont par les sens dans notre ame excités;
Dans ces moments Chandos on te présente
La belle Agnés, plus belle & plus brillante
Que le soleil au bord de l'Orient.
Que sentis-tu, Chandos, en t'éveillant,
Lors que tu vis cette nymphe si belle
A tes côtés, & tes grégues sur elle?
  Chandos pressé d'un aiguillon bien vif
La dévorait de son regard lascif.
Agnès en tremble, & l'entend qu'il marmote
Entre ses dents: *je r'aurai ma Culotte.*
A son chevet d'abord il la fait seoir:
Quittez dit-il, ma belle prisonnière,
Quittez ce poids d'une armure étrangère.
Ainsi parlant plein d'ardeur & d'espoir
Il la décasque, il vous la décuirasse;
La belle Agnès s'en deffend avec grace,
Elle rougit d'une aimable pudeur
Pensant à Charle, & soumise au vainqueur.
Le gros Bonneau que le Chandos destine
Au digne emploi de chef de sa cuisine,
Va dans l'instant mériter cet honneur;
Des boudins blancs il étoit l'inventeur;
Et tu lui dois ô Nation Françoise,
Patés d'anguilles, & gigots à la braize.
Monsieur Chandos, hélas que faites vous?
Disait Agnès d'un ton timide & doux.
Par dieu, dit-il, (tout Héros Anglais jure)
Quelqu'un m'a fait une sanglante injure,
Cette Culotte est mienne, & je prendrai
Ce qui fut mien où je le trouverai.
Parler ainsi, mettre Agnès toute nue,
C'est même chose; & la belle éperdue
Tout en pleurant étoit entre ses bras,

Et

Et lui dit, non je n'y consens pas.
Dans l'instant même un horrible fracas
Se fait entendre ; on crie, alerte, aux armes,
Et la trompette organe du trépas
Sonne la charge, & porte les allarmes.
A son réveil Jeanne cherchant en vain
L'affublement du harnois masculin,
Son bel armet ombragé de l'aigrette
Et son haubert, & sa large braguette,
Sans raisonner saisit soudainement,
D'un Ecuyer le dur acoutrement,
Monte à cheval sur son âne ; & s'écrie
Venez venger l'honneur de la Patrie.
Cent Chevaliers s'empressent sur ses pas.
Ils sont suivis de six cent vingt soldats.
Frére Lourdis en ce moment de crise
Du beau palais où régne la sottise
Est descendu chez les Anglais guerriers,
Environné d'atomes tout grossiers,
Sur son gros dos portant balourderies,
Oeuvres de Moine, & belles âneries.
Ainsi bâté sitôt qu'il arrivâ,
Sur les Anglois sa robe il secouâ,
Son ample robe, & dans leur camp versâ
Tous les trésors de sa crasse ignorance,
Trésors communs au bon pays de France.
Ainsi des nuits la noire Déité
Du haut d'un char d'ébène marqueté,
Répand sur nous les pavots & les songes,
Et nous endort dans le sein des mensonges.

LIVRE QUATRIEME.

Jeanne & Dunois combattent les Anglais. Ce qui leur arrive dans le château de Conculix.

Si j'étais Roi je voudrais être juste,
Dans le repos maintenir mes sujets,
Et tous les jours de mon Empire auguste
Seraient marqués par de nouveaux bienfaits.
Que si j'étais Contrôlleur des finances,
Je donnerais à quelque beaux esprits
Par-ci, par-là de bonnes ordonnances;
Car après tout leur travail vaut son prix.
Que si j'étais Archevêque à Paris,
Je tacherais avec le Moliniste
D'aprivoiser le rude Janséniste;
Mais si j'aimais une jeune beauté
Je ne voudrais m'éloigner d'auprès d'elle,
Et chaque jour une fête nouvelle
Chassant l'ennui de l'uniformité,
Tiendrait son cœur en mes fers arrêté:
Heureux Amants, que l'absence est cruelle!
Que de dangers on essuye en amour!
On risque, hélas! dès qu'on quitte sa belle
D'être cocu deux où trois fois par jour.
Le preux Chandos à peine avait la joye
De s'ébaudir sur sa nouvelle proye,
Quand tout-à-coup Jeanne de rang en rang
Porte la mort & fait couler le sang.

De

De Débora la redoutable lance
Perce Dildo si fatal à la France,
Lui qui pilla les trésors de Clervaux,
Et viola les sœurs de Fontevraux.
D'un coup nouveau les deux yeux elle créve
A Fonkinar digne d'aller en gréve.
Cet impudent né dans les durs climats
De l'hibernie au milieu des frimats,
Depuis trois ans faisait l'amour en France
Comme un enfant de Rome ou de Florence.
Elle terrasse & Milord Halifax
Et son cousin l'impertinent Borax,
Et Midarblou qui renia son pére,
Et Bartonay qui fit cocu son frére.
A son exemple on ne voit Chevalier,
Il n'est gendarme, il n'est bon écuyer
Qui dix Anglais n'enfile de sa lance.
La mort les suit, la terreur les devance.
On croyait voir en ce combat affreux,
Un DIEU puissant qui combat avec eux.
  Parmi le bruit de l'horrible tempête
Frére Lourdis crioit à pleine tête;
Elle est pucelle ; Anglais frémissez tous,
C'est Saint-Denis qui l'arme contre vous ;
Elle est pucelle ; elle a fait des miracles ;
Contre son bras vous n'avez point d'obstacles,
Vite, à genoux, excrémens d'Albion,
Demandez lui sa bénédiction.
Certain Anglais écumant de colére
Incontinent fait empoigner le Frére.
On vous le lie, & le Moine content
Sans s'émouvoir continuait criant;
Je suis Martin ; Anglais, il faut me croire.
Elle est pucelle; elle aura la victoire.
L'homme est crédule, & dans son faible cœur

Tout est reçu; c'est une mole argile.
Mais que surtout il paroit bien facile
De nous surprendre & de nous faire peur!
Du bon Lourdis le discours extatique
Fit plus d'effet sur le cœur des soldats,
Que l'amazone & sa troupe héroïque
N'en avaient fait par l'effort de leurs bras.
Ce vieil instinct qui fait croire aux prodiges,
L'esprit d'erreur, le trouble, les vertiges,
La froide crainte & la confusion
Sur les Anglais répandent leur poison.
Les cris perçants, & les clameurs qu'ils jettent,
Les hurlemens que les échos répétent,
Et la trompette & le son des tambours
Font un Vacarme à rendre les gens sourds.
Le grand Chandos toujours plein d'assurance
Leur crie; enfans, Conquérans de la France;
Marchez à droite; il dit, & dans l'instant
On tourne à gauche, & l'on fuit en jurant.
Ainsi jadis dans ces plaines fécondes
Qui de l'Euphrate environnent les ondes,
Quand des humains l'orgueil capricieux
Voulut bâtir près des voutes des Cieux;
DIEU ne voulant d'un pareil voisinage,
En cent jargons transmua leur langage,
Sitôt qu'un d'eux à boire demandait
Plâtre ou mortier d'abord on lui donnait;
Et cette gent de qui DIEU se moquait,
Se sépara laissant-là son ouvrage.
On fait bientôt aux remparts d'Orléans
Ce grand combat contre les assiégeans.
La renommée y vole à tire d'aile,
Et va pronant le nom de la *pucelle* :
Vous connoissez l'impétueuse ardeur
De nos Français, Ces fous sont pleins d'honneur,

Ainsi

Ainſi qu'au bal ils vont tous aux batailles.
Déja Dunois la gloire des bâtards,
Dunois qu'en Gréce on aurait pris pour Mars,
Et la Trimouille ; & la Hire, & Saintrailles,
Et Richemont ſont ſortis des murailles,
Croyant déja chaſſer les ennemis,
Et criant tous ; où ſont ils, où ſont ils ?
Ils n'étaient pas bien loin ; car près des portes
Sire Talbot, homme de très grand ſens,
Pour s'oppoſer à l'ardeur de nos gens
En embuſcade avait mis dix cohortes.
Nos Chevaliers à peine ont fait cent pas,
Que ce Talbot leur tombe ſur les bras ;
Mais nos Français ne s'étonnèrent pas.
Champs d'Orléans, noble & petit théatre
De ce combat terrible, opiniatre,
Le ſang humain dont vous futes couverts
Vous engraiſſa pour plus de cent hivers.
Jamais les champs de Zama, de Pharſale,
De Malplaquet la Campagne fatale
Célèbres lieux couverts de tant de tant de morts,
N'ont vû tenter de plus hardis efforts.
Vous euſſiez-vû les lances hériſſées,
L'une ſur l'autre en cent tronçons caſſées,
Les Ecuyers, les chevaux renverſés
Deſſus leurs pieds dans l'inſtant redreſſés,
Le feu jaillir des coups de cimeterre,
Et du ſoleil redoubler la lumière ;
De tous côtés, voler tomber à bas
Epaules, nez, mentons, pieds, jambes, bras.
Du haut des Cieux les anges de la guerre,
Le fier Michel & l'exterminateur,
Et des Perſans le grand flagellateur,
Avaient les yeux attachés ſur la terre
Et regardaient ce combat plein d'horreur.

Michel

Michel alors prit les vastes balances
Où dans le Ciel on pése les humains.
D'une main sure il pesa les Destins
Et les Héros d'Angleterre & de France.
Nos Chevaliers pesés exactement
Légers de poids par malheur se trouvèrent;
Du vieux Talbot les destins l'emportèrent;
C'était du Ciel un secret jugement.
Le Richemont se voit incontinent
Percé d'un trait de la hanche à la fesse.
Le vieux Saintraille au dessus du genou,
Le beau la Hire; ah je n'ose dire où;
Mais que je plains sa gentille maîtresse!
Dans un marais la Trimouille enfoncé
N'en put sortir qu'avec un bras cassé;
Donc à la ville il fallut qu'ils revinssent
Tout éclopés, & qu'au lit ils se tinssent.
Voilà comment ils furent bien punis,
Car ils s'étaient moqués de Saint Denis.

Comme il lui plait DIEU fait justice ou grace;
Quênel l'a dit; nul ne peut en douter.
Or il lui plut le batard excepter
Des étourdis dont il punit l'audace.
Un chacun d'eux laidement ajusté
S'en retournait sur un brancard porté,
En maugréant & Jeanne & sa fortune.
Dunois n'ayant égratignûre aucune
Pousse aux Anglais plus prompt que les éclairs.
Il fend leurs rangs; se fait jour à travers;
Passe, & se trouve aux lieux où la pucelle
Fait tout tomber, où tout fuit devant elle.
Quand deux torrens l'effroi des laboureurs
Précipités du sommet des montagnes,
Mêlent leurs flots, assemblent leurs fureurs,
Ils vont noyer l'espoir de nos campagnes;

Plus

Plus dangereux étaient Jeanne & Dunois,
Unis ensemble & frapants à la fois.
Dans leur ardeur si bien ils s'emportèrent,
Si rudement les Anglais ils chassèrent,
Que de leurs gens bientôt ils s'écartèrent.
La nuit survint ; Jeanne & l'autre Héros
N'entendant plus ni Français ni Chandos,
Font tous deux halte en criant *vive France*,
Au coin d'un bois où régnait le silence :
Au clair de Lune ils cherchent le chemin,
Ils viennent ; vont, tournent, le tout en vain ;
Enfin rendus ainsi que leur monture,
Mourans de fin & lassés de chercher,
Ils maudissaient la fatale avanture
D'avoir vaincu sans savoir où coucher.
Tel un vaisseau sans voile, sans boussole
Tournoie au gré de Neptune & d'Eole.
Un certain chien qui passa tout auprès
Pour les sauver sembla venir exprès ;
Ce chien aproche, il jappe, il leur fait fête,
Virant sa queue & portant haut sa tête.
Devant eux marche, & se tournant cent fois
Il paraissait leur dire en son patois ;
Venez par-là ; Messieurs, suivez moi vite ;
Venez vous dis-je & vous aurez bon gîte.
Nos deux Héros entendirent fort bien
Par ces façons ce que voulait ce chien.
Ils suivent donc guidés par l'espérance,
En priant DIEU pour le bien de la France,
Et se faisant tous deux de tems en tems
Sur leurs exploits de très beaux complimens.
Du coin lascif d'une vive prunelle
Dunois lorgnait malgré lui la pucelle,
Mais il savait qu'à son bijou caché
De tout l'Etat le sort est attaché,

Et qu'à jamais la France eſt ruinée
Si cette fleur ſe cueille avant l'année,
Il étouffait noblement ſes deſirs
Et préferait l'Etat à ſes plaiſirs.
  Au point du jour aparût à leur vûe
Un bon Palais d'une vaſte étendue,
De marbre blanc était bati le mur;
Une dorique & longue colonade
Porte un balcon formé de jaſpe pur;
De porcelaine était la baluſtrade.
Nos paladins enchantés, éblouis
Crurent entrer tout droit en Paradis.
Le chien aboye; auſſi-tôt vingt trompettes
Se font entendre, & quarante eſtafiers
A pourpoints d'or, à brillantes braguettes,
Viennent s'offrir à nos deux Chevaliers.
Très-galamant deux jeunes écuyers
Dans le Palais par la main les conduiſent;
Dans des bains d'or filles les introduiſent
Honnêtement; puis lavés, eſſuyés
D'un déjeuner amplement feſtoyés,
Dans de beaux lits brodés ils ſe couchérent
Et juſqu'au ſoir en Héros ils ronflèrent.
  Il faut ſavoir que le Maître & Seigneur
De ce logis digne d'un Empereur,
Etait le fils de l'un de ces Génies
Des vaſtes Cieux habitans éternels,
De qui ſouvent les grandeurs infinies
S'humaniſaient chez les faibles mortels.
Or cet eſprit mêlant ſa chair divine
Avec la chair d'une bénédictine,
En avait eu le Seigneur Conculix,
Grand Négromant & le très digne fils
De cet incube & de la mére Alix.
Le jour qu'il eut quatorze ans accomplis,

Son géniteur descendant de sa sphére
Lui dit, enfant tu me dois la lumiére;
Je viens te voir, tu peux former des vœux;
Souhaite, parle, & je te rends heureux.
Le Conculix né très voluptueux
Et digne en tout de sa belle origine,
Dit; je me sens de race bien divine,
Car je rassemble en moi tous les désirs;
Et je voudrais avoir tous les plaisirs.
De voluptés rassasiez mon ame.
Je veux aimer comme homme & comme femme;
Etre la nuit du séxe feminin,
Et tout le jour du séxe masculin.
L'incube dit; tel sera ton destin;
Et dès ce jour la ribaude figure,
Jouit des droits de sa double nature.
Mais Conculix avait oublié net,
De demander un don plus nécessaire,
Un don sans quoi nul plaisir n'est parfait;
Un don charmant, eh-quoi? celui de plaire.
DIEU pour punir ce génie effréné
Le rendit laid comme un Diable encorné;
Et l'impudique avait dessous le linge
Odeur d'un bouc & poil gris d'un vieux singe.
Pour comble enfin, de lui-même charmé
Il se croyait tout fait pour être aimé,
De tous côtés on lui cherchait des belles,
Des bacheliers, des pages, des pucelles,
Et si quelqu'un à ce monstre lascif
N'accordait pas le plaisir malhonnête,
Bouchait son nez ou détournait la tête,
Il était sûr d'être empalé tout vif.
Le soir venu Conculix étant femme,
Un farfadet de la part de Madame,
S'en vint prier Monseigneur le bâtard,

De

De vouloir bien descendre sur le tard
Dans l'entresol; Tandis qu'en compagnie
Jeanne soupait avec cérémonie
Le beau Dunois tout parfumé descend,
Chez Conculix un soupé fin l'attend:
Madame avait prodigué la parure,
Les Diamans surchargeaient sa coeffure;
Son gros cou jaune & ses deux bras quarrez,
Sont de rubis, de perles entourez,
Elle en était encor plus effroiable.
Elle le presse au sortir de la table,
Dunois trembla pour la premiére fois,
Des Chevaliers c'était le plus courtois,
Il eût voulu de quelque politesse,
Payer au moins les soins de son hotesse.
Et du tendron contemplant la laideur,
Il se disait; j'en aurai plus d'honneur.
Il n'en eut point: le plus brillant courage
Peut quelque fois essuyer cet outrage.
Lors Conculix qui le crut impuissant,
Chassa du lit le guerrier languissant,
Et prononça la sentence fatale;
Criant aux siens, *sergents, qu'on me l'empale.*
Le beau Dunois vit faire incontinent
Tous les aprêts de ce grand chatiment.
Ce fier guerrier, l'honneur de sa Patrie
S'en va périr au printems de sa vie.
Dedans la Cour il est conduit tout nû
Pour être assis sur un baton pointu.
Déja du jour la belle avant-courière
De l'Orient entrouvrait la barriére;
Or vous savez que cet instant préfix
Changeait Madame en Monsieur Conculix,
Alors brûlant d'une flamme nouvelle
Il s'en va droit au lit de la pucelle,

Les

Les rideaux tire, & lui fourant au ſein
Les doigts velus d'une gluante main,
Il a déja l'héroïne empeſtée
D'un gros baiſer de ſa bouche infectée :
Plus il s'agite, & plus il devient laid.
Jeanne qu'anime une chrêtienne rage
D'un bras nerveux lui détache un ſouflet
A poing fermé ſur ſon vilain viſage.
Le magot tombe & roule en bas du lit;
Les yeux ſe poche, & le nez ſe meurtrit ;
Il crie, il heurle; une troupe profane
Vient à ſon aide; on vous empoigne Jeanne;
On va punir ſa fiére cruauté
Par l'inſtrument chez les Turcs uſité;
De ſa chemiſe auſſi-tôt dépouillée
De coups de fouet en paſſant flagellée
Elle eſt livrée aux cruels empaleurs.
Le beau Dunois ſoumis à leurs fureurs
N'attendant plus que ſon heure derniére;
Faiſait à DIEU ſa dévote priére:
Mais une œuillade impérieuſe & fiére,
De tems en tems étonnait les boureaux,
Et ſes regards diſaient, *c'eſt un Héros.*
Mais quand Dunois eut vû ſon Héroïne
Des fleurs de lys vangereſſe divine,
Prête à ſubir cette effroyable mort;
Il déplora l'inconſtance du ſort;
De la pucelle il parcourait les charmes,
Et regardant les funeſtes aprêts
De ce trépas, il répandit des larmes,
Que pour lui-même il ne verſa jamais.
Non moins ſuperbe & non moins charitable
Jeanne aux frayeurs toujours impénétrable,
Languiſſamment le beau batard lorgnait,
Et pour lui ſeul ſon grand cœur gémiſſait.

Leur

Leur nudité, leur beauté, leur jeunesse
Dans leur pitié mêlaient trop de tendresse,
Leurs feux secrets par un destin nouveau,
Ne s'échapaient qu'au bord de leur tombeau:
Et cependant l'animal amphibie
A son dépit joignant la jalousie,
Faisait aux siens l'effroyable signal
Qu'on embrochât le couple déloyal.
Dans ce moment une voix de tonnere
Qui fit trembler & les airs & la terre,
Crie, *arrêtez, gardez-vous d'empaler,*
N'empalez pas. Ces mots font reculer
Les fiers licteurs. On regarde, on avise
Sous le portail un grand-homme d'Eglise,
Coëffé d'un froc, les reins ceints d'un cordon,
On reconnut le Pére Grisbourdon.
Ainsi qu'un chien dans la forêt voisine
Ayant senti d'une adroite narine
Le doux fumet, & tous ces petits corps,
Sortant au loin de quelque cerf dix corps;
Il le poursuit d'une course légére,
Et sans le voir par l'odorat mené,
Franchit fossés, se glisse en la bruyére
Et d'autres cerfs il n'est point détourné:
L'indigne fils de Saint François d'Assise
Porté toûjours sur son lourd mulętier
De la pucelle a suivi le sentier,
Courant sans cesse & ne lâchant point prise.
En arrivant il cria, Conculix,
Au nom du Diable & par les eaux du Stix,
Par le Démon qui fut ton digne pére;
Par le Psautier de sœur Alix ta mére;
Sauve le jour à l'objet de mes vœux,
Regarde-moi, je viens payer pour deux.
Si ce guerrier & si cette pucelle

Je

Ont mérité ton indignation
Je tiendrai lieu de ce couple rebelle,
Tu sçais qu'elle est ma réputation.
Tu vois de plus cet animal insigne,
Ce mien mulet de me porter si digne,
Je t'en fais don, c'est pour toi qu'il est fait;
Et tu diras, tel moine, tel mulet.
Laissons aller ce gendarme profane,
Qu'on le délie, & qu'on nous laisse Jeanne,
Nous demandons tous deux pour digne prix
Cette beauté dont nos cœurs sont épris.
On vous dira qu'il n'est point de femelle
Tant pudibonde, & tant vierge fut-elle,
Qui n'eût été fort aise en pareil cas;
Mais la pucelle aimait mieux le trépas:
Et ce secours infernal & lubrique,
Semblait horrible à son ame pudique.
Elle pleurait, elle imploroit les Cieux;
Et rougissant d'être ainsi toute nue
De tems en tems fermant ses tristes yeux
Ne voyant point, pensait n'être point vue.
Le bon Dunois étoit désesperé.
Quoi, disait-il, ce pendart décloitré,
Aura ma Jeanne & perdra ma Patrie!
Tout va céder à ce sorcier impie,
Tandis que moi discret jusqu'à ce jour
Modestement je cachais mon amour.
Pour Conculix le discours énergique
Du Cordelier fit sur lui grand effet.
Il accepta le marché séraphique,
Ce soir, dit-il vous & vôtre mulet
Tenez vous prêts. Cependant je pardonne,
A ces Français & vous les abandonne.
Le Moine alors d'un air d'autorité,
Frapa trois coups sur l'animal bâté,

Puis

Puis fit un cercle, & prit de la poussiére
Que sur la bête il jetta par derriére,
En lui disant, ces mots toujours puissants
Que Zoroastre enseignait aux Persans.
A ces grands mots dits en langue du Diable,
O grand pouvoir, ô merveille ineffable!
Nôtre mulet sur deux pieds se dressa
Sa tête oblongue en ronde se changea,
Ses longs crins noirs petits cheveux devinrent;
Sous son bonnet ses oreilles se tinrent.
Ainsi jadis ce sublime Empereur
Dont DIEU punit le cœur dur & superbe;
Sept ans cheval & sept ans nourri d'herbe,
Redevint homme, & n'en fut pas meilleur.
Du ceintre bleu de la céleste sphére
Denis voyait avec des yeux de pére,
De Jeanne d'Arc le triste & piteux cas;
Il eût voulu s'élancer ici bas;
Mais il était lui-même en embarras.
Denis s'était attiré sur les bras
Par son voyage, une facheuse affaire.
Saint George était le Patron d'Angleterre;
Il se plaignit que Monsieur Saint Denis,
Sans aucun ordre & sans aucun avis,
A ses Bretons eût fait ainsi la guerre.
George & Denis de propos en propos
Piquez au vif en vinrent aux gros mots.
Les Saints Anglais ont dans leur caractére,
Je ne sçais quoi de fier & d'insulaire.
Mais il est tems lecteur de m'arrêter,
Il faut fournir une longue carrière.
J'ai peu d'haleine, & je dois vous conter
L'événement de cette grande affaire;
Dire comment ce nœud se débrouilla,

Ce

Ce que fit Jeanne; & ce qui se passa
Dans les Enfers, au Ciel, & sur la terre.

LIVRE CINQUIEME.

Le Cordelier Grisbourdon qui avait voulu violer Jeanne, est en Enfer. Il raconte son avanture aux Diables.

O Mes amis, vivons en bons Chrêtiens;
C'est le parti, croyez moi qu'il faut prendre,
A son devoir il faut enfin se rendre.
Dans mon printems j'ai hanté des vauriens;
A leurs desirs ils se livraient en proye;
Souvent au bal, jamais dans le Saint Lieu,
Soupant, couchant chez des filles de joye,
Et se moquant des serviteurs de DIEU.
Qu'arrive-t-il? La mort, la mort fatale
Au nez camart, à la tranchante faulx,
Vient visiter nos diseurs de bons mots;
La fiévre ardente, à la marche inégale,
Fille du Stix, huissiére d'Atropos,
Porte le trouble en leurs petits cerveaux:
A leur chevet une garde, un notaire,
Viennent leur dire: allons, il faut partir;
Où voulez-vous Monsieur, qu'on vous enterre!
Lors un tardif & faible repentir
Sort à regret de leur mourante bouche.
L'un à son aide appelle Saint Martin,
L'autre Saint Roch, l'autre Sainte mitouche.
On Psalmodie, on braille du latin,

C On

On les asperge ; hélas, le tout en vain.
Aux pieds du lit se tapit le malin,
Ouvrant la griffe, & lorsque l'ame échape
Du corps chétif, au passage il la hape,
Puis vous la porte au fin fond des Enfers,
Digne séjour de ces esprits pervers.
Mon cher Lecteur, il est tems de te dire
Qu'un jour Satan Seigneur du sombre empire
A ses vassaux donnait un grand régal,
Il était fête au manoir infernal :
On avait fait une énorme recrue,
Et les démons buvaient la bien venue
D'un certain Pape & d'un gros Cardinal,
D'un Roi du Nord, de quatorze chanoines,
De deux Curés, & de quarante moines,
Tous frais venus du séjour des mortels,
Et dévolus aux brasiers éternels.
Le Roi cornu de la huaille noire
Se déridait entouré de ses Pairs.
On s'enivrait du nectar des Enfers,
On frédonnait quelques chansons à boire,
Lorsqu'à la porte il s'éléve un grand cri :
Ah, bon jour donc, vous voilà, vous voici,
C'est lui, Messieurs, c'est le grand émissaire,
C'est Grisbourdon notre féal ami,
Entrez, entrez, & chauffez vous ici ;
Et bras dessus & bras dessous, beau pére,
Beau Grisbourdon, Docteur de Lucifer,
Fils de Satan, Apôtre de l'Enfer,
On vous l'embrasse, on le baise, on le serre ;
On vous le porte en moins d'un tour de main
Toujours baisé vers le lieu du festin.
Satan se leve, & lui dit : fils du Diable,
O des frapards ornement véritable,
Certes sitôt je n'esperais te voir.

Chez

Chez les humains tu m'étais nécessaire.
Qui mieux que toi peuplait notre manoir ?
Par toi la France était mon séminaire,
En te voyant je perds tout mon espoir.
Mais du destin la volonté soit faite,
Bois avec nous, & prend place à ma droite.
  Le cordelier plein d'une sainte horreur
Baise à genoux l'Ergot de son Seigneur;
Puis d'un air morne il jette au loin la vue
Sur cette vaste & brulante étendue,
Séjour de feu qu'habitent pour jamais
L'affreuse mort, les tourments, les forfaits,
Trône éternel où sied l'esprit immonde,
Abîme immense où s'engloutit le monde;
Sépulchre où gist la docte antiquité,
Esprit, amour, savoir, grace, beauté,
Et cette foule immortelle, innombrable,
D'enfans du Ciel créés tous pour le Diable.
Tu sais, lecteur, qu'en ces feux dévorants
Les meilleurs Rois sont avec les tyrans.
Nous y plaçons Antonin, Marc-Aurèle,
Ce bon Trajan des Princes le modèle,
Ce doux Titus l'amour de l'Univers,
Les deux Catons ces fléaux des pervers,
Ce Scipion maître de son courage,
Lui qui vainquit & l'amour & Carthage,
Vous y grillez sage & docte Platon,
Divin Homère, éloquent Ciceron,
Et vous Socrate enfant de la sagesse,
Martir de DIEU dans la profane Gréce,
Juste Aristide, & vertueux Solon;
Tous malheureux morts sans confession.
  Mais ce qui plus étonna Grisbourdon,
Ce fut de voir en la chaudiére grande,
Certains quidams Saints ou Rois, dont le nom

Orne l'histoire & pare la Légende.
Un des premiers était le Roi Clovis.
Je vois d'abord mon lecteur qui s'étonne,
Qu'un si grand Roi qui tout son peuple a mis
Dans le chemin du Benoit paradis,
N'ait pu jouir du salut qu'il nous donne.
Ah, qui croirait qu'un premier Roi Chrétien
Fût en effet damné comme un Payen?
Mais mon lecteur se souviendra très-bien,
Qu'être lavé de cette eau salutaire
Ne suffit pas, quand le cœur est gâté.
Or ce Clovis dans le crime empâté,
Portait un cœur inhumain, sanguinaire.
Et Saint Remi ne put laver jamais
Ce Roi de Francs cangrené de forfaits.
Parmi ces grands, ces Souverains du Monde
Ensevelis dans cette nuit profonde,
On discernait le fameux Constantin.
Est-il bien vrai criait avec surprise
Le moine gris! ô rigueur! ô destin!
Quoi, ce Héros fondateur de l'Eglise,
Qui de la terre a chassé les faux Dieux,
Est descendu dans l'Enfer avec eux?
Lors Constantin dit ces tristes paroles:
J'ai renversé le culte des idoles,
Sur les débris de leurs Temples fumants
Au DIEU du Ciel j'ai prodigué l'encens,
Mais tous mes soins pour sa grandeur suprême,
N'eurent jamais d'autre objet que moi-même.
Les Saints autels n'étaient à mes regards
Qu'un marchepié du Trône des Césars.
L'ambition, les fureurs, les délices
Etaient mes Dieux, avaient mes sacrifices.
L'or des Chrétiens, leurs intrigues, leur sang
Ont cimenté ma fortune, & mon rang.

Pour

Pour conserver cette grandeur si chére,
J'ai massacré mon malheureux beau-pére.
Dans les plaisirs, & dans le sang plongé,
Faible & barbare en ma fureur jalouse,
Yvre d'amour, & de soupçons rongé,
Je fit périr mon fils, & mon épouse.
O Grisbourdon ne sois plus étonné,
Si comme toi Constantin est damné.

Le Révérend de plus en plus admire
Tous les secrets du ténébreux Empire.
Il voit par tout de grands Prédicateurs,
Riches Prélats, Casuistes, Docteurs,
Moines d'Espagne, & nonains d'Italie;
De tous les Rois il voit les Confesseurs,
De nos beautés il voit les Directeurs;
Le Paradis ils ont eu dans leur vie.
Il apperçut dans le fonds d'un dortoir
Certain frocard moitié blanc, moitié noir,
Portant criniére en écuelle arrondie.
Au fier aspect de cet animal pie
Le cordelier riant d'un ris malin
Se dit tout bas, cet homme est Jacobin.
Quel est ton nom lui cria-t-il soudain?
L'ombre répond d'un ton mélancolique;
Hélas, mon fils, je suis Saint Dominique.

A ce discours, à cet auguste nom
Vous eussiez vu reculer Grisbourdon;
Il se signait, il ne pouvait le croire.
Comment, dit-il, dans la caverne noire
Un si grand Saint, un Apôtre, un Docteur!
Vous de la foi le sacré promoteur,
Homme de DIEU, prêcheur évangelique,
Vous dans l'Enfer ainsi qu'un hérétique!
Certes, ici la grace est en défaut.
Pauvres humains qu'on est trompé là haut!

[Handwritten marginal notes:] On y voioit Barry si devot à Marie, Ouvrir avec cent clés le Ciel à Philagie, l'Enfer par ** cie par Richelet, verbo devot. — On a parlé de ... pour être confesseur du roi. C'est un monstre, il a le plus grand défaut de tous les défauts, défaut éclatant, défaut exclusif. Il est très dévot, et la dévotion ne sied guère mieux à un confesseur qu'à un évêque. Lettre de Mme de Maintenon au Cardinal de Noailles, du 14 7bre 1696. Citée dans les Nouvelles Ecclesiastiques du 1 may 1757. Vide infra p. ...

Et puis allez dans vos cérémonies
De tous les Saints chanter les litanies.
Lors repartit avec un ton dolent
Notre Espagnol au manteau noir & blanc ;
Ne songeons plus aux vains discours des hommes ;
De leurs erreurs qu'importe le fracas ?
Infortunés, tourmentés où nous sommes,
Loués, fêtés où nous ne sommes pas :
Tel sur la terre a plus d'une chapelle
Qui dans l'Enfer est cuit bien tristement ;
Et tel au monde on damne impunément
Qui dans les Cieux a la vie éternelle.
Pour moi je suis dans la noire séquelle,
Très-justement pour avoir autrefois
Persécuté ces pauvres Albigeois.
Je n'étais pas envoyé pour détruire
Et je suis cuit pour les avoir fait cuire.
Non que je sois condamné sans retour ;
J'espére encor me trouver quelque jour
Avec les Saints au séjour de la gloire ;
Mais en ces lieux je fais mon purgatoire.
Oh ! quand j'aurais une langue de fer
Toujours parlant, je ne pourais suffire,
Mon cher lecteur, à te nombrer & dire,
Combien de Saints on rencontre en Enfer.
Quand des damnés la cohorte rotie
Eut assez fait au fils de Saint François
Tous les honneurs de leur triste patrie,
Chacun cria d'une commune voix,
Cher Grisbourdon, conte-nous, conte, conte
Qui t'a conduit vers une fin si prompte,
Conte-nous donc par quel étonnant cas
Ton ame dure & tombée ici bas.
Messieurs, dit-il, je ne m'en défends pas,
Je vous dirai mon étrange avanture,

Elle

Elle pourra vous étonner d'abord,
Mais il ne faut me taxer d'imposture :
On ne ment plus sitôt que l'on est mort.
J'étais là haut, comme on sait, vôtre Apôtre,
Et pour l'honneur du froc & pour le vôtre ;
Je concluais l'exploit le plus galant
Que jamais moine ait fait hors du convent.
Mon muletier, ah l'animal insigne !
Ah le grand homme, ah quel rival condigne !
Mon muletier ferme dans son devoir,
De Conculix avait passé l'espoir.
J'avais aussi pour ce monstre femelle
Sans vanité prodigué tout mon zèle ;
Le Conculix ravi d'un tel effort
Nous laissait Jeanne en vertu de l'accord.
Jeanne la forte, & Jeanne la rebelle
Perdait bientôt ce grand nom de pucelle,
Entre mes bras elle se débattait.
Le muletier par dessous la tenait,
Et Conculix de bon cœur ricanait ;
Mais croyez-vous ce que je vais vous dire ?
L'air s'entrouvrit, & du haut de l'empire
Qu'on nomme Ciel, lieu où ni vous ni moi
N'irons jamais, & vous savez pourquoi,
Je vis descendre, ô fatale merveille,
Cet animal qui porte longue oreille,
Et qui jadis à Balaam parla
Quand Balaam sur la montagne alla.
Quel terrible âne ! il portait une selle
D'un beau velours, & sur l'arçon d'icelle
Etait un sabre à deux larges tranchants :
De chaque épaule il lui sortait une aile
Dont il volait, & devançait les vents.
A haute voix alors s'écria Jeanne,
DIEU soit loué, voici venir mon âne.

A ce discours je fus transi d'effroi :
L'âne à l'instant ses quatre genoux plie,
Leve la queue & sa tête polie,
Comme disant à Dunois monte-moi.
Dunois le monte, & l'animal s'envole
Sur notre tête & passe, & caracolle.
Dunois planant le cimeterre en main,
Sur moi chétif fondit d'un vol soudain.
Mon cher Satan ! mon Seigneur Souverain,
Ainsi, dit-on, lorsque tu fis la guerre
Imprudemment au Maître du tonnerre
Tu vis sur toi s'élancer Saint Michel,
Vangeur fatal des injures du Ciel.
Réduit alors à défendre ma vie,
J'eus mon recours à la sorcellerie,
Je dépouillai d'un nerveux Cordelier
Le sourcil noir & le visage altier,
Je pris la mine & la forme charmante
D'une beauté douce, fraiche, innocente ;
De blonds cheveux se jouaient sur mon sein.
De gaze fine une étoffe brillante
Fit entrevoir une gorge naissante.
J'avais tout l'art du sexe feminin,
Je composais mes yeux & mon visage,
On y voyait cette naïveté
Qui toujours trompe & qui toujours engage,
Sous ce vernis un air de volupté
Eût des humains rendu fou le plus sage,
J'eusse amolli le cœur le plus sauvage ;
Car j'avais tout, artifice & beauté,
Mon paladin en parut enchanté.
J'allais périr, ce héros invincible
Avait levé son braquemart terrible ;
Son bras était à demi descendu,
Et Grisbourdon se croyait pourfendu.

Du-

Dunois regarde, il s'émeut, il s'arrête.
Qui de Méduse eût vu jadis la tête,
Etait en roc mué soudainement:
Le beau Dunois changea bien autrement.
Il avait l'âme avec les yeux frappée;
Je vis tomber sa redoutable épée,
Je vis Dunois sentir à mon aspect
Beaucoup d'amour & beaucoup de respect.
Qui n'aurait cru que j'eusse eu la victoire?
Mais voici bien le pis de mon histoire,
Le muletier qui pressait dans ses bras
De Jeanne d'Arc les robustes apas,
En me voyant si gentille & si belle,
Brula soudain d'une flamme nouvelle,
Helas mon cœur ne le soupçonnait pas,
De convoiter des charmes délicats,
Un cœur grossier connaître l'inconstance,
Il lâcha prise, & j'eus la préférence.
Il quitte Jeanne, ah funeste beauté!
A peine Jeanne est elle en liberté,
Qu'elle aperçut le brillant cimeterre
Qu'avait Dunois laissé tomber par terre.
Du fer tranchant sa dextre se saisit
Et dans l'instant que le rustre infidèle
Quittait pour moi la superbe pucelle,
Par le Chignon Jeanne d'Arc m'abattit,
Et d'un revers la nuque me fendit.
Depuis ce tems je n'ai nulle nouvelle,
Du muletier, de Jeanne la cruelle
De Conculix, de l'âne, de Dunois.
Puissent-ils tous être empalés cent fois;
Et que le Ciel qui confond les coupables,
Pour mon plaisir les donne à tous les Diables.
Ainsi parlait le moine avec aigreur,
Et tout l'Enfer en rit d'assez bon cœur.

LIVRE SIXIEME.

Avanture d'Agnès & de Monrose, Temple de la Renommée. Avanture de Dorothée.

QUittons l'Enfer, quittons ce gouffre immonde,
Où Grisbourdon brule avec Lucifer;
Dressons mon vol aux campagnes de l'air;
Et revoyons ce qui se passe au Monde.
Ce Monde, hélas! est bien un autre Enfer.
Je vois partout l'innocence proscrite;
L'homme de bien flétri par l'hypocrite,
L'esprit, le gout, les beaux arts éperdus,
Sont envolés ainsi que les vertus,
Une rempante & lache politique
Tient lieu de tout, est le mérite unique.
Le zèle affreux des dangereux Dévots
Contre le sage arme la main des sots.
Et l'intérêt ce vil Roi de la terre,
Pour qui l'on fait & la paix & la guerre,
Triste & pensif auprès d'un coffre fort,
Vend le plus faible aux crimes du plus fort.
Chetifs mortels, insensez & coupables,
De tant d'horreurs à quoi bon vous noircir!
Ah malheureux qui péchez sans plaisir,
Dans vos erreurs soyez plus raisonnables;
Soyez au moins des pécheurs fortunés;
Et puisqu'il faut que vous soyez damnés;
Damnez vous donc pour des fautes aimables.
Agnès Sorel sût en user ainsi.
On ne lui peut reprocher dans sa vie

Que

Que les douceurs d'une tendre folie.
Je lui pardonne & je pense qu'aussi
DIEU tout Clément aura pris pitié d'elle:
En Paradis tout Saint n'est pas pucelle.
Quand Jeanne d'Arc deffendait son honneur
Et que du fil de sa céleste épée
De Grisbourdon la tête fut coupée;
Nôtre Ane ailé qui dessus son harnois
Portait en l'air le Chevalier Dunois,
Conçut alors le caprice profâne
De l'éloigner & de l'oter à Jeanne.
Quelle raison en avait-il? l'amour;
Le tendre amour & la naissante envie
Dont en secret son ame était saisie.
L'ami Lecteur aprendra quelque jour
Quel trait de flamme & quelle idée hardie
Pressait déja ce Héros d'Arcadie.
Il prend son vol & Dunois stupéfait
A tire d'aile est parti comme un trait.
Il regardait de loin son Héroïne
Qui toute nue & le fer à la main,
Le cœur ému d'une fureur divine
Rouge de sang se frayait un chemin.
Le Conculix veut l'arrêter en vain;
Ses farfadets, son peuple Aërien,
En cent façons volent sur son passage.
Jeanne s'en mocque & passe avec courage.
Lors qu'en un bois quelque jeune imprudent
Voit une ruche, & s'aprochant admire
L'Art étonnant de ce Palais de cire;
De toutes parts un essain bourdonnant
Sur mon badaut s'en vient fondre avec rage,
Un peuple ailé lui couvre le visage:
L'homme piqué court à tort à travers.
De ses deux mains il frape il se démène

Dissipe, tue, écrase par centaine
Cette canaille habitante des airs.
C'était ainsi que la pucelle fiére
Chassait au loin cette foule legére.
A ses genoux le chetif muletier
Craignant pour soi le sort du Cordelier,
Tremble & s'écrie, *o pucelle, o ma mie,*
Dans l'écurie autrefois tant servie,
Quelle furie! épargne au moins ma vie
Que les honneurs ne changent point tes mœurs,
Tu vois mes pleurs, ah Jeanne je me meurs!
Jeanne répond, faquin, je te fais grace,
Dans ton vil sang de fange tout chargé,
Ce fer Divin ne sera point plongé,
Vegéte encor, & que ta lourde masse
Ait à l'instant l'honneur de me porter:
Je ne te puis en mulet translater;
Mais ne m'importe ici de ta figure,
Homme ou mulet tu seras ma monture,
Dunois m'a pris l'âne qui fut pour moi,
Et je prétends le retrouver en toi;
Ça, qu'on se courbe: elle dit, & la bête
Baisse à l'instant sa chauve & lourde tête,
Marche des mains, & Jeanne sur son dos
Va dans les champs affronter les Héros.
Pour Conculix honteux plein de colère,
Il s'en alla murmurer chez son Pére.
Mais que devint la belle Agnès Sorel?
Vous souvient il de son trouble cruel,
Comme elle fut interdite, éperdue,
Quand Jean Chandos l'embrassait toute nue.
Ce Jean Chandos s'élança de ses bras,
Très brusquement & courut au combats.
La belle Agnès crut sortir d'embarras,
De son danger encor toute surprise

Elle

Elle jurait de n'être jamais prise
A l'avenir en un semblable cas.
Au bon Roi Charle elle jurait tout bas
D'aimer toujours ce Roi qui n'aime qu'elle;
De respecter ce tendre & doux lien,
Et de mourir plutot qu'être infidèle.
Mais il ne faut jamais jurer de rien.
Dans ce fracas, dans ce trouble effroyable,
D'un camp surpris tumulte inséparable,
Quand chacun court, Officier & soldat,
Que l'un s'enfuit, & que l'autre combat,
Que les valets, fripons suivant l'armée,
Pillent le camp de peur des ennemis:
Parmi les cris la poudre & la fumée,
La belle Agnès se voyant sans habits,
Du grand Chandos entre en la garderobe;
Puis avisant chemise, mule, robe,
Saisit le tout en tremblant & sans bruit,
Même elle prend jusqu'au bonnet de nuit.
Tout vint à point; car de bonne fortune
Elle aperçut une Jument bai-brune.
Bride à la bouche & selle sur le dos,
Que l'on devait amener à Chandos.
Un Ecuyer, vieil ivrogne intrépide,
Tout en dormant la tenait par la bride.
L'adroite Agnès s'en va subtilement
Oter la bride à l'Ecuyer dormant;
Puis se servant de certaine escabelle,
Y pose un pied, monte, se met en selle,
Pique, & s'en va, croyant gagner les bois;
Pleine de crainte & de joye à la fois.
L'ami Bonneau court à pied dans la plaine
En maudissant sa pesante bedaine,
Ce beau voyage & la guerre & la Cour
Et les Anglais & Sorel & l'amour.

Or, de Chandos le très-fidèle page
(Monrose était le nom du personnage,)
Qui revenait ce matin d'un message,
Voyant de loin tout ce qui se passait;
Cette Jument qui vers les bois courait,
Et de Chandos la robe & le bonnet;
Devinant mal ce que ce pouvait être,
Crut fermement que c'était son cher Maître,
Qui loin du camp demi nû s'enfuiait.
Epouvanté de l'étrange avanture
D'un coup de fouët il hâte sa monture,
Galoppe & crie, ah mon Maître, ah Seigneur
Vous poursuit on; Charlot est-il vainqueur?
Où courez vous? Je vais par tout vous suivre;
Si vous mourez je cesserai de vivre;
Il dit & vole & le vent emportait
Lui, son cheval & tout ce qu'il disait.

La belle Agnès qui se croit poursuivie
Court dans le bois au péril de sa vie;
Le page y vole, & plus elle s'enfuit,
Plus nôtre Anglais avec ardeur la suit.
La jument bronche & la belle éperdue
Jettant un cri dont retentit la nue,
Tombe à coté, sur la terre étendue.
Le page arrive aussi promt que les vents,
Mais il perdit l'usage de ses sens,
Quand cette robe ouverte & voltigéante,
Lui découvrit une beauté touchante,
Un sein d'albâtre, & les charmans trésors
Dont la nature enrichissait son corps.
Bel Adonis, telle fut ta surprise,
Quand la maîtresse & de Mars & d'Anchise
Du haut des Cieux, le soir au coin d'un bois,
S'offrit à toi pour la premiére fois.
Vénus sans doute avait plus de parure;

Une

Une jument n'avait point renversé
Son corps Divin de fatigue harassé,
Bonnet de nuit n'était point sa coëffure.
Son cu d'ivoire était sans meurtrissure.
Mais Adonis à ces attraits tout nus,
Balancerait entre Agnès & Venus.
Le jeune Anglais se sentit l'ame atteinte
D'un feu mêlé de respect & de la crainte;
Il prend Agnès & l'embrasse en tremblant,
Hélas, dit-il, seriez vous point blessée!
Agnès sur lui tourne un œuil languissant,
Et d'une voix timide, embarrassée,
En soupirant elle lui parle ainsi;
Qui que tu sois qui me poursuis ici,
Si tu n'as point un cœur né pour le crime,
N'abuse point du malheur qui m'oprime,
Jeune étranger conserve mon honneur,
Sois mon apui, sois mon Libérateur.
Elle ne put en dire davantage:
Elle pleura, détourna son visage,
Triste, confuse, & tout bas promettant
D'être fidèle au bon Roi sont amant.
Monrose ému, fut un tems en silence;
Puis il lui dit d'un ton tendre & touchant,
O de ce monde adorable ornement,
Que sur les cœurs vous avez de puissance!
Je suis à vous: comptez sur mon secours,
Vous disposez de mon cœur, de mes jours,
De tout mon sang; ayez tant d'indulgence
Que d'accepter que j'ose vous servir:
Je n'en veux point une autre recompense:
C'est être heureux que de vous secourir.
Il tire alors un flacon d'eau des Carmes;
Sa main timide en arrose ses charmes,
Et les endroits des roses & de lys,

Qu'a-

Qu'avaient la selle & la chûte meurtris.
La belle Agnès rougissait sans colère,
Ne trouvait point sa main trop téméraire,
Et le lorgnait sans bien savoir pourquoi;
Jurant toujours d'être fidèle au Roi.
Le Page ayant employé sa bouteille;
Rare beauté, dit-il, je vous conseille,
De cheminer jusqu'en un bourg voisin:
Nous marcherons par ce petit chemin.
Dédans ce bourg nul soldat ne demeure.
Nous y serons avant qu'il soit une heure,
J'ai de l'argent, & l'on vous trouvera
Et coeffe & jupe & tout ce qu'il faudra
Pour habiller avec plus de décence
Une beauté digne d'un Roi de France.
La Dame errante aprouva son avis;
Monrose était si tendre & si soumis;
Etait si beau, savait à tel point vivre,
Qu'on ne pouvait s'empêcher de le suivre.
Quelque Censeur, interrompant le fil
De mon discours, dira, mais se peut il
Qu'un étourdi, qu'un jeune Anglais, qu'un Page
Fut près d'Agnès respectueux & sage;
Qu'il ne prit point la moindre liberté?
Ah laissez là vos censures rigides;
Ce page aimait, & si la volupté
Nous rend hardis, l'amour nous rend timides.
Agnès & lui marchaient donc vers ce bourg;
S'entretenant de beaux propos d'amour,
D'exploits de guerre & de Chevalerie,
De contes vieux & de galanterie.
Nôtre Ecuyer de cent pas en cent pas
S'aprochait d'elle & baisait ses beaux bras;
Le tout d'un air respectueux & tendre;
La belle Agnès ne savait s'en défendre.

Mais

Mais rien de plus ; ce jeune homme de bien
Voulait beaucoup & ne demandait rien.
Dedans le bourg ils sont entrés à peine ;
Dans un logis son Ecuyer la méne
Bien fatiguée ; Agnès entre deux draps
Modestement repose ses apas ;
Monrose court ; & va tout hors d'haleine
Chercher partout pour dignement servir
Alimenter, chausser, coëffer, vêtir
Cette beauté déjà sa Souveraine.
O jeune enfant dont l'amour & l'honneur
Ont pris plaisir à diriger le cœur ;
Où sont les gens dont la sagesse égale
Les procédés de ton ame loiale ?
Dans ce logis (Ciel que vai-je avoüer)
De Jean Chandos logeait un Aumonier.
Tout Aumonier est plus hardi qu'un Page.
Le scélérat informé du voyage
Du beau Monrose & de la belle Agnès,
Et trop instruit que dans son voisinage
A quatre pas reposaient tant d'attraits ;
Pressé soudain de son désir infâme,
Les yeux ardens le sang rempli de flâmme ;
Le corps en rut, de luxure énivré,
Entre en jurant comme un désespéré,
Ferme la porte, & les deux rideaux tire.
Mais cher lecteur il convient de te dire
Ce que faisait en ce même moment
Le grand Dunois sur son âne vôlant.
Au haut des airs où les Alpes chenues
Portent leur tête & divisent les nues,
Vers ce rocher fendu par Annibal,
Fameux passage aux Romains si fatal,
Qui voit le Ciel s'arondir sur sa tête
Et sous ses pieds se former la tempête,

Est

Eſt un Palais de marbre tranſparent,
Sans toit ni porte, ouvert à tous venant.
Tous les dedans ſont des glaces fidèles;
Si que chacun qui paſſe devant elles
Ou belle ou laide, ou jeune homme ou barbon,
Peut ſe mirer tant qu'il lui ſemble bon.
Mille chemins mènent devers l'empire
De ces beaux lieux où ſi bien l'on ſe mire:
Mais ces chemins ſont tous bien dangereux,
Il faut franchir des abimes affreux.
Tel bien ſouvent ſur ce nouvel olympe
Eſt arrivé ſans trop ſavoir par où;
Chacun y court, & tandis que l'un grimpe,
Il en eſt cent qui ſe caſſent le cou.
De ce Palais la ſuperbe maitreſſe
Eſt cette vieille & bavarde Déeſſe,
La Renommée, à qui dans tous les tems
La plus modeſte a donné quelque encens.
Le Sage dit que ſon cœur la mépriſe,
Qu'il ait l'éclat qui lui donne un grand nom,
Que la louange eſt pour l'ame un poiſon,
Le Sage ment, & dit une ſottiſe.
La Renommée eſt donc en ces hauts lieux,
Les courtiſans dont elle eſt entourée,
Princes, pédants, guerriers, religieux,
Cohorte vaine, & de vent énivrée,
Vont tous prians, & crians à genoux:
O Renommée ô puiſſante Déeſſe
Qui ſavez tout & qui parlez ſans ceſſe.
Par charité parlez un peu de nous,
Pour contenter leurs ardeurs indiſcrètes,
La Renommée a toujours deux trompettes:
L'une à ſa bouche apliquée à propos,
Va célébrant les exploits des Héros.
L'autre eſt au cu; puiſqu'il faut vous le dire
C'eſt

C'eſt celle-là qui ſert à nous inſtruire,
De ce fatras de volumes nouveaux
Productions de plumes mercenaires,
Et du Parnaſſe inſectes éphémères,
Qui l'un par l'autre éclipſés tour à tour
Faits en un mois, périſſent en un jour,
Enſevelis dans le fonds des Colléges;
Rongés des vers, eux & leurs privilèges.
 Gentil Dunois, ſur ton ânon monté
En ce beau lieu tu te vis tranſporté.
Ton nom fameux qu'avec juſtice on fête,
Etait corné par la trompette honnête.
Tu regardas ces miroirs ſi polis.
O quelle joye enchantait tes eſprits!
Car tu voyais dans ces glaces brillantes
De tes vertus les peintures vivantes;
Non ſeulement des Siéges, des combats,
Et ces exploits qui font tant de fracas:
Mais des vertus encor plus difficiles,
Des malheureux de tes bienfaits chargés,
Te béniſſants au ſein de leurs aziles,
Des gens de bien à la Cour protégés,
Des orphelins de leurs tuteurs vangés.
Dunois ainſi contemplant ſon hiſtoire
Se complaiſait à jouir de ſa gloire.
Son Ane auſſi s'amuſait à ſe voir
Se pavanant de miroir en miroir;
On entendit deſſus ces entrefaittes,
Sonner en l'air une des deux trompettes
Elle diſait *voici l'horible jour*
Où dans Milan la ſentence eſt dictée,
On va brûler la belle Dorothée
Pleurez mortels qui connaiſſez l'amour.
Qui; dit Dunois? qu'elle eſt donc cette belle?
Qu'a-t-elle fait? pourquoi la brûle-t-on?

Paſſe

Passe après tout, si c'est une Laidron,
Mais dans le feu mettre un jeune tendron,
Par tous les Saints, c'est chose trop cruelle,
Comme il parlait, la trompette reprit
O Dorothée, ô pauvre Dorothée!
En feu cuisant tu vas être jettée,
Si la valeur d'un chevalier loial
Ne te resoust de ce brasier fatal.
A cet avis Dunois sentit dans l'ame
Un promt désir de secourir la Dame.
Car vous savez que sitot qu'il s'offrait
Occasion de marquer son courage,
Venger un tort, redresser quelque outrage;
Sans raisonner ce Héros y courait.
Allons, dit-il, à son âne fidèle,
Vole à Milan, vole où l'honneur t'apelle.
L'Ane aussi-tôt les deux aîles étend,
Un Chérubin va moins rapidement.
On voit déja la ville où la justice
Arrangeait tout pour cet affreux suplice.
Dans la grand place on éléve un bucher;
Trois cent archers, gens cruels & timides,
Du mal d'autrui monstres toujours avides,
Rangent le peuple, empêchent d'aprocher.
On voit partout le beau monde aux fenêtres,
Attendant l'heure, & déjà larmoiant:
Sur un Balcon l'Archevêque & ses prêtres
Observent tout d'un œuil ferme & content.
Quatre Alguazils amenent Dorothée
Nue en chemise, & de fers garotée;
Le juste excès de son affliction,
Le desespoir & la confusion
Devant ses yeux répandent un nuage.
Des pleurs amers inondent son visage;
Elle entrevoit d'un œuil mal assuré

L'as-

L'affreux poteau pour sa mort préparé,
Et ses sanglots se faisant un passage,
O mon amant! ô toi qui dans mon cœur
Regnes encor en ces momens d'horreur!
Elle ne put en dire d'avantage.
Et bèguaîant le nom de son amant
Elle tomba sans voix, sans sentiment:
Le front jauni d'une paleur mortelle:
Dans cet état elle était encor belle.
Un scélerat nommé Sacrogorgon,
De l'Archevêque infame champion,
La dague au poing vers le bucher s'avance,
Le chef armé de fer & d'impudence,
Et dit tout haut, Messieurs, je jure DIEU,
Que Dorothée a mérité le feu.
Est-il quelqu'un qui prenne sa querelle?
Est-il quelqu'un qui combatte pour elle?
S'il en est un, que cet audacieux
Ose à l'instant se montrer à mes yeux;
Voici dequoi lui fendre la cervelle.
Disant ces mots il marche fierement,
Branlant en l'air un braquemart tranchant
Roulant ses yeux, tordant sa laide bouche,
On fremissait à son aspect farouche;
Et dans la ville il n'était Ecuyer
Qui Dorothée osât justifier.
Sacrogorgon venait de les confondre:
Chacun pleurait & nul n'osait répondre.
Le fier Prélat du haut de son balcon
Encourageait le brutal champion.
Le beau Dunois qui planait sur la place,
Fut si choqué de l'insolente audace
De ce pervers; & Dorothée en pleurs
Etait si belle au sein de tant d'horreurs;
Son désespoir la rendait si touchante,

Qu'en

Qu'en la voiant il la crut innocente.
Il saute à terre, & d'un ton élevé,
C'est moi, dit-il, face de réprouvé,
Qui viens ici montrer par mon courage,
Que Dorothée est vertueuse & sage
Et que tu n'est qu'un fanfaron brutal
Suppot du crime, & menteur déloial.
Je veux d'abord savoir de Dorothée
Quelle noirceur lui peut être imputée,
Quel est son cas & par quel guet à pen
On fait bruler les belles à Milan;
Il dit; le peuple à la surprise en proie,
Poussa des cris d'espérance & de joie.
Sacrogorgon qui se mourait de peur,
Fit comme il put, semblant d'avoir du cœur,
Le fier Prélat sous sa mine hypocrite
Ne put cacher le trouble qui l'agite.
A Dorothée alors le beau Dunois
S'en vint parler d'un air humble & courtois;
Et cependant que la belle lui conte
En soupirant son malheur & sa honte,
L'âne Divin sur l'Eglise perché
De tout ce cas paraissait fort touché,
Et de Milan les dévotes familles
Bénissaient DIEU qui prend pitié des filles.

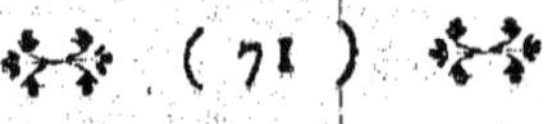

LIVRE SEPTIEME.

Comment Dunois sauva Dorothée condamnée à la mort par l'Inquisition.

Lorsqu'autrefois, au printems de mes jours,
Je fus quitté par ma belle maîtresse,
Mon tendre cœur fut navré de tristesse,
Je détestai l'empire des amours;
Mais d'offenser par le moindre discours,
Cette beauté que j'avais encensée,
De son bonheur oser troubler le cours,
Un tel forfait n'entra dans ma pensée.
Gêner un cœur ce n'est pas ma façon.
Que si je traite ainsi les infidèles,
Vous comprenez à plus forte raison,
Que je respecte encor plus les cruelles.
Il est affreux d'aller persécuter
Un jeune cœur que l'on n'a pu dompter.
Si la maîtresse objet de votre hommage
Ne peut pour vous des mêmes feux brûler,
Cherchez ailleurs un plus doux esclavage.
On trouve assez dequoi se consoler;
Ou bien buvez: C'est un parti fort sage.
Et plût à DIEU qu'en un cas tout pareil
Ce fier Prélat qu'amour rendit barbare,
Cet opresseur d'une beauté si rare,
Se fût servi d'un aussi bon conseil.
Déja Dunois à la belle affligée
Avait rendu le courage & l'espoir.
Mais avant tout il convenait savoir
Les attentats dont elle était chargée.

O vous, dit-elle en baiſſant, ſes beaux yeux,
Ange divin qui deſcendez des Cieux,
Vous qui venez prendre ici ma défenſe;
Vous ſavez bien quelle eſt mon innocence.
Dunois reprit, je ne ſuis qu'un mortel.
Je ſuis venu par une étrange allure,
Pour vous ſauver d'un trépas ſi cruel.
Nul dans les cœurs ne lit que l'Eternel.
Je croi vôtre ame & vertueuſe & pure;
Mais dites moi, pour DIEU, vôtre avanture.
Lors Dorothée en eſſuiant les pleurs
Dont le torrent ſon beau viſage mouille,
Dit; l'amour ſeul a fait tous mes malheurs.
Connaiſſez vous Monſieur de la Trimouille?
Oui, dit Dunois, c'eſt mon meilleur ami,
Peu de héros ont une ame auſſi belle;
Mon Roi n'a point de guerrier plus fidèle;
L'Anglais n'a point de plus fier ennemi.
Nul Cavalier n'eſt plus digne qu'on l'aime.
Il eſt trop vrai, dit-elle, c'eſt lui même.
Il ne s'eſt pas écoulé plus d'un an,
Depuis le jour qu'il a quitté Milan.
C'eſt en ces lieux qu'il m'avait adorée.
Il le jurait, & j'oſe être aſſuré,
Que ſon grand cœur eſt toujours enflammé,
Qu'il m'aime encor; car il eſt trop aimé.
Ne doutez point, dit Dunois; de ſon ame;
Vôtre beauté vous répond de ſa flamme;
Je le connais, il eſt ainſi que moi
A ſes amours fidèle comme au Roi.
L'autre reprit, ah Monſieur je vous croi,
O jour heureux où je le vis paraître,
Où des mortels il était à mes yeux
Le plus aimable & le plus vertueux,
Où de mon cœur il ſe rendit le maître.

Je

Je l'adorais avant que ma raison
Eût pu savoir si je l'aimais ou non.
Ce fut Monsieur, ô moment delectable!
Chez l'Archevêque où nous étions à table,
Que ce héros plein de sa passion,
Me fit, me fit sa déclaration.
Ah j'en perdis la parole & la vue,
Mon sang brûla d'une ardeur inconnue:
Du tendre amour j'ignorais le danger,
Et de plaisir je ne pouvais manger.
Le lendemain il me rendit visite,
Elle fut courte, il prit congé trop vite:
Quand il partit, mon cœur le rapelait,
Mon tendre cœur après lui s'envolait
Le lendemain il eut un tête à tête,
Un peu plus long, mais non pas moins honnête,
Le lendemain il en reçut le prix,
Par deux baisers sur mes lêvres ravis.
Le lendemain il osa davantage,
Il me promit la foi de mariage.
Le lendemain il fut entreprenant.
Le lendemain il me fit un Enfant.
Que dis-je hélas? faut il que je raconte
De point ent point mes malheurs & ma honte;
Sans que je sache, ô digne chevalier!
A quel Héros j'ose me confier.
Lors le Héros par pure obéissance
Dit sans vanter ses faits ni sa naissance;
Je suis *Dunois*. C'était en dire assez.
DIEU reprit elle, ô DIEU qui m'exaucez,
Quoi! ta bonté fait voler à mon aide
Ce grand *Dunois*, ce bras à qui tout céde!
Gentil guerrier, noble fils de l'amour,
Eh, quoi, c'est vous, vous l'espoir de la France
Qui me sauvez & l'honneur & le jour!

D Vôtre

Votre nom seul accroît ma confiance ;
Vous saurez donc, brave & gentil Dunois,
Que mon amant au bout de quelque mois,
Fut obligé de partir pour la guerre,
Guerre funeste & maudite Angleterre !
Il écouta la voix de son devoir.
Mon tendre amour était au désespoir.
Un tel état vous est connu sans doute ;
Et vous savez, Monsieur, ce qu'il en coute :
Ce fier devoir fait seul tous nos malheurs ;
Je l'éprouvais en répandant des pleurs ;
Mon cœur était forcé de se contraindre ;
Et je mourais, mais sans pouvoir m'en plaindre.
Il me donna le présent amoureux,
D'un bracelet fait de ses blonds cheveux ;
Et son portrait qui trompant son absence
M'a fait cent fois retrouver sa présence.
Un tendre écrit surtout il me laissa,
Que de sa main le ferme amour traça :
C'était, Monsieur, une juste promesse
Un cher garant de sa feinte tendresse :
On y lisait ; *Je jure par l'amour,*
Par les plaisirs de mon ame enchantée
De revenir bientot en cette Cour
Pour épouser ma chère Dorothée.
Las ! il partit, il porta sa valeur
Dans Orléans. Peut-être il est encore
Dans ces remparts, où l'appela l'honneur.
S'il y savait quels maux & quelle horreur
Sont loin de lui le prix de mon ardeur !
Non, juste Ciel il vaut mieux qu'il l'ignore.
Il partit donc ; & moi je m'en allai
Loin des soupçons d'une ville indiscrête,
Chercher aux champs une sombre retraite,
Conforme aux soins de mon cœur désolé.

Mes

Mes parents morts, libre dans ma tristesse
Cachée au monde & fuïant tout les yeux,
Dans le secret le plus mysterieux
J'ensevélis mes pleurs & ma grossesse.
Mais par malheur, hélas! je suis la niéce
De l'Archevêque! à ces funestes mots
Elle sentit redoubler ses sanglots.
Puis vers le Ciel tournant ses yeux en larmes
J'avais, dit elle, en secret mis au jour,
Ce tendre fruit de mon furtif amour;
Avec mon fils consolant mes allarmes,
De mon amant j'attendais le retour.
A l'Archevêque il prit en fantaisie
De venir voir quelle espèce de vie
Menait sa niéce au fond de ces forêts.
Pour ma campagne il quitta son palais,
Il fut touché de mes faibles attraits.
Cette beauté, présent cher & funeste,
Ce don fatal qu'aujourdhui je deteste,
Perça son cœur des plus dangereux traits.
Il s'expliqua: Ciel que je fus surprise!
Je lui parlai des devoirs de son rang,
De son état, des nœuds sacrés du sang,
Je remontrai l'horreur de l'entreprise;
Elle outrageait la nature & l'Eglise.
Hélas! j'eus beau lui parler de devoir;
Il s'entêta d'un chimérique espoir,
Il se flatait que mon cœur indocile,
D'aucun objet ne s'était prévenu;
Qu'enfin l'amour ne m'était point connu;
Que son triomphe en ferait plus facile;
Il m'accablait de ses soins fatigans,
De ses désirs rebutés & pressans.
Hélas, un jour que toute à ma tristesse,
Je relisais cette douce promesse,

Voici l'ouvrage intitulé, le Cochon mitré attribué à Bussi-Rabutin.

Que de mes pleurs je mouillais cet écrit!
Mon cruel oncle en lisant me surprit,
Il se saisit d'une main ennemie,
De ce papier qui contenait ma vie.
Il lut, il vit dans cet écrit fatal,
Tous mes secrets, ma flamme & son rival.
Son ame alors jalouse & forcenée
A ses désirs fut plus abandonnée.
Toujours alerte & toujours m'epiant,
Il sut bientôt que j'avais un Enfant.
Sans doute un autre en eût perdu courage
Mais l'Archevêque en devint plus ardent;
Et se sentant sur moi cet avantage,
Ah! me dit-il, n'est ce donc qu'avec moi
Que vous aurez la fureur d'être sage,
Et vos faveurs seront le seul partage
De l'étourdi qui ravit votre foi?
Osez-vous bien me faire résistance?
Y pensez vous? vous ne meritez pas
Le fol amour que j'ai pour vos apas:
Cedez sur l'heure ou craignez ma vengance.
Je me jettai tremblante à ses genoux:
J'attestai, DIEU! je repandis des larmes.
Lui furieux d'amour & de couroux
En cet état me trouva plus de charmes.
Il me renverse, & va me violer.
A mon secours il falut apeller.
Tout son amour soudain se tourne en rage,
D'un oncle, ô Ciel! souffrir un tel outrage?
De coups affreux il meurtrit mon visage.
On vient au bruit; l'Archevêque à l'instant
Joint à son crime un crime encor plus grand.
Chrétiens, dit-il ma niéce est une impie:
Je l'abandonne & je l'excommunie:
Un hérétique, un damné suborneur

Publi-

Publiquement a fait son deshonneur:
L'enfant qu'ils ont est un fruit d'adultère.
Que DIEU confonde & le fils & la mère;
Et puisqu'ils ont ma malédiction
Qu'ils soient livrés à l'Inquisition.
Il ne fit point une menace vaine.
Et dans Milan le traître arrive à peine,
Qu'il fait agir le grand Inquisiteur.
On me saisit, prisonniére, on m'entraîne
Dans des cachots où le pain de douleur
Etait ma seule & triste nourriture:
Lieux souterrains, lieux d'une nuit obscure,
Séjours de mort & tombeau des vivans.
Après trois jours on me rend la lumiére,
Mais pour la perdre au milieu des tourmens;
Vous les voyez ces brasiers dévorans;
C'est-là qu'il faut expirer à vingt ans.
Voilà mon lit à mon heure derniére.
C'est-là, c'est-là, sans votre bras vangeur,
Qu'on m'arrachait la vie avec l'honneur.
Plus d'un guerrier aurait selon l'usage
Pris ma défense & pour moi combattu;
Mais l'Archevêque enchaîne leur vertu,
Contre l'Eglise ils n'ont point de courage:
Qu'attendre, hélas, d'un cœur Italien?
Ils tremblent tous à l'aspect d'une Etole:
Mais un Français n'est alarmé de rien;
Et braverait le Pape au Capitole.
A ces propos Dunois piqué d'honneur
Plein de pitié pour la belle accusée,
Plein de courroux pour son persécuteur,
Brûlait déja d'exercer sa valeur;
Et se flatait d'une victoire aisée.
Bien surpris fut de se voir entouré
De cent archers dont la cohorte fiére;

Etaient venus l'investir par derrière.
Un cuistre en robe avec bonnet carré,
Criait d'un ton de vrai *miserère* :
» On fait savoir de par la Sainte Eglise,
» Par mon Seigneur, pour la gloire de DIEU,
» A tous Chrêtiens que le Ciel favorise,
» Que nous venons de condamner au feu
» Cet étranger, ce champion profane,
» De Dorothée infame Chevalier,
» Comme infidèle, hérétique & sorcier:
» Qu'il soit brulé sur l'heure avec son âne.
Cruel Prélat, Busiris en soutane,
C'était perfide un tour de ton métier.
Tu redoutais le bras de ce guerrier,
Tu t'entendais avec le Saint Office,
Pour oprimer sous le nom de justice,
Quiconque eût pu lever le voile affreux
Dont tu cachais ton crime à tous les yeux.
Tout aussi tôt l'assassine cohorte,
Du Saint Office abominable escorte,
Pour se saisir du superbe Dunois,
Deux pas avance & en recule trois;
Puis marche encor, puis se signe & s'arrête,
Sacrogorgon qui tremblait à leur tête,
Leur crie, allons, il faut vaincre ou périr;
De ce sorcier tachons de nous saisir.
Au milieu d'eux les Diacres de la ville,
Les Sacristains arrivent à la file:
L'un tient un pot & l'autre un goupillon
Ils font leur ronde; & de leur eau salée
Benoitement aspergent l'assemblée.
On Exorcise, on maudit le Démon;
Et le Prélat toujours l'ame troublée,
Donne partout la bénédiction.
Le grand Dunois non sans émotion

Voit

Voit qu'on le prend pour envoyé du Diable :
Lors saisissant de son bras redoutable,
Sa grande épée, & de l'autre montrant
Un chapelet Catholique instrument
De son salut cher & sacré garant;
Allons, dit-il, venez à moi mon âne.
 L'âne descend, Dunois monte & soudain
Il va frapant en moins d'un tour de main,
De ces croquants la cohorte profane.
Il perce à l'un le sternum & le bras;
Il atteint l'autre, à l'os qu'on nomme atlas;
Qui voit tomber son nez & sa machoire,
Qui son oreille & qui son humerus;
Qui pour jamais s'en va dans la nuit noire,
Et qui s'enfuit disant ses *Orémus*.
L'âne au milieu du sang & du carnage
Du paladin séconde le courage.
Il vole, il rue, il mord, il foule aux pieds
Ce tourbillon de faquins effraiés.
Sacrogorgon abaissant la visiére
Toujours jurant s'en allait en arriére;
Dunois le joint, l'atteint à l'os pubis,
Le fer sanglant lui sort par le coccis :
Le vilain tombe, & le peuple s'écrie
Béni soit DIEU le barbare est sans vie.
 Le scélerat encor se débattait
Sur la poussiére & son cœur palpitait,
Quand le héros lui dit; ame traitresse,
L'Enfer t'atend, crains le Diable, & confesse
Que l'Archevêque est un coquin mitré,
Un ravisseur, un parjure avéré,
Que Dorothée est l'innocence même,
Qu'elle est fidèle au tendre amant qu'elle aime,
Et que tu n'est qu'un sot & qu'un fripon.
Oui, Monseigneur : oui, vous avez raison

Je suis un sot, la chose est par trop claire;
Et vôtre épée a prouvé cette affaire.
Il dit, son ame alla chez le Démon,
Ainsi mourut le fier Sacrogorgon.
Dans l'instant même où ce bravache infame
A Belzebut rendait sa vilaine ame;
De vers la place arrive un Ecuyer
Portant salade avec lance dorée:
Deux postillons à la jaune livrée
Allaient devant. C'était chose assurée
Qu'il arrivait quelque grand Chevalier.
A cet objet la belle Dorothée
D'étonnement & d'amour transportée:
Ah DIEU puissant, se mit elle à crier,
Serait-ce lui! serait-il bien possible!
A mes malheurs le Ciel est trop sensible.
Les Milanais peuples très curieux,
Vers l'Ecuyer avaient tourné les yeux.
Eh cher lecteur n'êtes vous pas honteux
De ressembler à ce peuple volage,
Et d'occuper vos yeux & votre esprit
Du changement qui dans Milan se fit?
Est ce donc là le but de mon ouvrage?
Songez, Lecteur, aux remparts d'Orléans,
Au Roi de France, aux cruels assiégeans,
A la pucelle, à l'illustre amazone
La vangeresse & du peuple & du Trône,
Qui sans jupon, sans pourpoint ni bonnet
Parmi les champs comme un centaure allait,
Ayant en DIEU sa plus ferme espérance,
Comptant sur lui plus que sur sa vaillance,
Et s'adressant à Monsieur Saint Denis;
Qui cabalait alors en paradis
Contre Saint George en faveur de la France.
Surtout lecteur, n'oubliez point Agnès

Ayez

Ayez l'esprit tout plein de ses attraits.
Tout honnête homme à mon gré doit s'y plaire,
Est il quelqu'un si morne & si sévère
Que pour Agnès il soit sans intérêt?
Et franchement dites moi, s'il vous plait,
Si Dorothée au feu fut condamnée,
Si le Seigneur du haut du firmament
Sauva le jour à cette infortunée,
Semblable cas advient très rarement;
Mais que l'objet où votre cœur s'engage,
Pour qui vos pleurs ne peuvent s'essuyer,
Soit dans les bras d'un robuste aumônier,
Ou semble épris pour quelque jeune page;
Cet accident peut être est plus commun.
Pour l'amener ne faut miracle aucun.
Je l'avouërai, j'aime toute avanture
Qui tient de près à l'humaine nature;
Car je suis homme & je me fais honneur,
D'avoir ma part aux humaines faiblesses;
J'ai dans mon tems possédé des maîtresses,
Et j'aime encore à retrouver mon cœur.

LIVRE HUITIEME.

Agnès Sorel poursuivie par l'Aumônier de Jean Chandos. Regrets de son amant: ce qui advint à la belle Agnès dans un Couvent.

EH quoi toujours clouer une préface,
A tous mes chants? la morale me lasse,

Un fimple fait conté naïvement,
Ne contenant que la vérité pure,
Narré fuccinct, fans frivole ornement;
Point trop d'efprit, aucun rafinement,
Voilà dequoi défarmer la cenfure,
Allons au fait Lecteur tout rondement,
C'eft mon avis. Tableau d'après nature
S'il eft bien fait, n'a befoin de bordure.

Le bon Roi Charle allant vers Orléans,
Enflait le cœur de fes fiers combattans,
Les rempliffait de joye & d'efpérance,
Et relevait le deftin de la France.
Il ne parlait que d'aller aux combats,
Il étalait une fiére allégreffe;
Mais en fecret il foupirait tous bas,
Car il était abfent de fa maîtreffe.
L'avoir laiffée, avoir pû feulement
De fon Agnès, s'écarter un moment,
C'était un trait d'une vertu fuprême,
C'était quitter la moitié de foi-même.

Lorfqu'il fut feul en fa chambre enfermé,
Et qu'en fon cœur il eut un peu calmé,
L'emportement du Démon de la gloire,
L'autre Démon qui préfide à l'amour,
Vint à fes fens s'expliquer à fon tour.
Il plaidait mieux; il gagna la victoire.
D'un air diftrait le bon Prince écouta
Le gros Louvet qui longtems harangua,
Puis en fa chambre en fecret il alla,
Où d'un cœur trifte & d'une main tremblante
Il écrivit une lettre touchante,
Que de fes pleurs tendrement il mouilla.
Pour les fécher Bonneau n'était pas là.
Meffire Hugon Gentilhomme ordinaire
Fut dépêché chargé du doux billet,

Une

Une heure après, ô douleur trop amère!
Nôtre courier raporte le poulet.
Le Roi saisi d'une crainte mortelle,
Lui-dit, hélas! pourquoi donc reviens tu!
Quoi mon billet? . . . Sire, tout est perdu,
Sire, armez vous de force & de vertu.
Les Anglais, Sire, ah tout est confondu!
Sire ils ont pris Agnès & la Pucelle.
A ce propos dit sans ménagement,
Le Roi, tomba, perdit tout sentiment
Et de ses sens il ne reprit l'usage
Que pour sentir l'effet de son tourment.
Contre un tel coup quiconque a du courage
N'est pas sans doute un véritable amant.
Le Roi l'était; un tel événement
Le transperçait de douleur & de rage.
Ses Chevaliers perdirent tous leurs soins
A l'arracher à sa douleur cruelle,
Charle fut prêt d'en perdre la cervelle.
Son pére helas! devînt fou pour bien moins.
Ah! cria t'il, que l'on m'enléve Jeanne,
Mes Chevaliers, tous mes gens à soutanne,
Mon Directeur, & le peu de pays
Que m'ont laissé mes destins ennemis;
Cruels Anglais, otez moi plus encore,
Mais laissez moi ce que mon cœur adore.
Amour, Agnès, Monarque malheureux!
Que fais-je ici, m'arrachant les cheveux?
Je l'ai perdue, il faudra que j'en meure.
Je l'ai perdue, & pendant que je pleure,
Peut-être, hélas! quelqu'insolent Anglais
A son plaisir subjuge ses attraits,
Nez seulement pour des baisers Français.
Une autre bouche à tes lévres charmantes
Pourrait ravir ces faveurs si touchantes?

Une autre main caresser tes beautés?
Une autre... ô Ciel! que de calamités;
Et qui sait même, en ce moment terrible,
A leurs plaisirs si tu n'est pas sensible;
Qui sait, hélas! si ton tempérament
Ne trahit pas ton malheureux amant!
Le triste Roi, de cette incertitude
Ne pouvant plus souffrir l'inquiétude,
Va sur ce cas consulter les Docteurs,
Nécromanciens, Devins, Sorbonniqueurs,
Juifs, Jacobins, quiconque savait lire.
Messieurs, dit-il, il convient de me dire,
Si mon Agnès est fidéle à sa foi,
Si pour moi seul sa belle ame soupire;
Gardez vous bien de tromper vôtre Roi;
Dites moi tout: de tout il faut m'instruire.
Eux bien payés consultèrent soudain
En Grec, Hebreu, Siriaque, Latin;
L'un du Roi Charle examine la main,
L'autre en quarré dessine une figure;
Un autre observe & Venus & Mercure,
Un autre va son Psautier parcourant,
Disant *amen* & tout bas marmottant,
Cet autre-ci regarde au fond d'un verre,
Et celui-là fait des cercles à terre.
Il n'est aucun qui doute de son Art,
Aucun ne croit que le Diable y ait part;
Aux yeux du Prince ils travaillent, ils suent,
Puis louant DIEU tout ensemble ils concluent
Que ce grand Roi peut dormir en repos,
Qu'il est le seul parmi tous les Héros
A qui le Ciel par sa grace infinie,
Daigne octroyer une fidéle amie,
Qu'Agnès est sage, & fuit tous les Amans.
Ils se trompaient, hélas! les bonnes gens,

Puis

Puis fiez-vous à Messieurs les Savants!
Cet Aumonier terrible, inexorable,
Avait saisi le moment favorable:
Malgré les cris, malgré les pleurs d'Agnès
Il triomphait de ses jeunes attraits,
Il ravissait des plaisirs imparfaits,
Volupté triste & fausse jouissance,
Honteux plaisirs qu'amour ne connait pas.
Car qui voudrait tenir entre ses bras
Une beauté qui détourne la bouche,
Qui de ses pleurs inonde votre couche?
Un honnête homme a bien d'autres désirs;
Il n'est heureux qu'en donnant des plaisirs.
Un Aumonier n'est pas si difficile:
Il va piquant sa monture indocile,
Sans s'informer si le jeune tendron
Sous son empire a du plaisir ou non.
Le page aimable amoureux & timide
Qui dans le bourg était allé courir
Pour dignement honorer & servir
La Déité qui de son sort décide,
Revint enfin. Las! il revint trop tard.
Il rentre, il voit le damné de frapart
Qui tout en feu dans sa brutale joye
Se démenait & dévorait sa proye.
Le beau Monrose à cet objet fatal
Le fer en main vole sur l'animal;
Du Chapelain l'impudique furie
Céde au besoin de défendre sa vie;
Du lit il saute, il empoigne un bâton;
Il s'en escrime, il acole le page.
Chacun des deux est brave Champion,
Monrose est plein d'amour est de courage;
Et l'Aumonier de luxure & de rage.
Les gens heureux qui goûtent dans les champs

D 7 La

La douce paix, fruit des jours innocens,
Ont vu souvent près de quelque bocage
Un Loup cruel affamé de carnage,
Qui de ses dents déchire la toison
Et boit le sang d'un malheureux mouton,
Si quelque chien à l'oreille écourtée,
Au cœur superbe, à la gueule endentée,
Vient comme un trait tout prêt à guerroyer,
Incontinent l'animal carnassier
Laisse tomber de sa gueule écumante
Sur le gazon la victime innocente;
Il court au chien qui sur lui s'élançant
A l'ennemi livre un combat sanglant;
Le Loup mordu tout bouillant de colère
Croit étrangler son superbe adversaire;
Et le mouton palpitant auprès d'eux
Fait pour le chien des très sincères vœux.
C'était ainsi que l'aumônier nerveux
D'un cœur farouche & d'un bras formidable
Se débattait contre le page aimable,
Tandis qu'Agnès demi morte de peur
Restait au lit, digne prix du vainqueur.
L'hôte & l'hotesse, & toute la famille,
Et les valets & la petite fille,
Montent au bruit; on se jette entre deux:
On fit sortir l'Aumônier scandaleux;
Et contre lui chacun fut pour le Page;
Jeunesse & grace ont par tout l'avantage,
Le beau Monrose eut donc la liberté
De rester seul auprès de sa beauté.
Et son rival hardi dans sa détresse,
Sans s'étonner alla chanter sa Messe.
Agnès honteuse, Agnès au désespoir
Qu'un Sacristain à ce point l'eût pollue,
Et plus encor qu'un beau page l'eût vûe

Dans

Dans le combat indignement vaincûe,
Versait des pleurs & n'osait plus le voir.
Elle eût voulu que la mort la plus prompte
Fermât ses yeux & terminât sa honte;
Elle disait, dans son grand désaroi,
Pour tout discours, ah, Monsieur, tuez moi!
Qui, vous, mourir? lui répondit Monrose;
Je vous perdrais ce traître en serait cause.
Ah croyez moi, si vous aviez péché
Il faudrait vivre & prendre patience.
Est-ce à nous deux de faire pénitence?
D'un vain remord votre cœur est touché.
Divine Agnès, quelle erreur est la vôtre
De vous punir pour le péché d'un autre?
Si son discours n'était pas éloquent,
Ses yeux l'étaient; un feu tendre & touchant
Insinuait à la belle attendrie,
Quelque désir de conserver sa vie.
Falut dîner; car malgré nos chagrins,
Chetifs mortels (j'en ai l'expérience)
Les malheureux ne font point abstinence.
En enrageant on fait encor bombance.
Voilà pourquoi tous ces auteurs divins,
Ce bon Virgile, & ce bavard d'Homère
Que tout savant même en baillant révère,
Ne manquent point, au milieu des combats,
L'occasion de parler d'un repas.
La belle Agnès dina donc tête à tête
Près de son lit avec ce page honnête,
Tous deux d'abord également honteux
Sur leur assiette arrêtaient leurs beaux yeux;
Puis enhardis tous deux se regardèrent,
Et puis enfin tous deux ils se lorgnèrent;
Vous savez bien que dans la fleur des ans
Quand la santé brille dans tous vos sens
Qu'un

Qu'un bon dîner fait couler dans vos veines
Des passions les semences soudaines,
Tout votre cœur cède au besoin d'aimer;
Vous vous sentez doucement enflammer
D'une chaleur bénigne & pétillante:
La chair est faible & le Diable vous tente.
Le beau Monrose en ces tems dangereux
Ne pouvant plus commander à ses feux,
Se jette aux pieds de la belle éplorée.
O cher objet, ô maitresse adorée!
C'est à moi seul désormais de mourir.
Ayez pitié d'un cœur soumis & tendre;
Quoi mon amour ne pouvait obtenir
Ce qu'un barbare a bien osé vous prendre!
Ah! si le crime a pû le rendre heureux
Que devez-vous à l'amour vertueux!
C'est lui qui parle & vous devez l'entendre.
Cet argument paraissait assez bon.
Agnès sentit le poids de la raison.
Une heure encor elle osa se deffendre,
Elle voulut reculer son bonheur
Pour accorder le plaisir & l'honneur;
Sachant très bien qu'un peu de résistance
Vaut cent fois mieux que trop de complaisance.
Monrose enfin, Monrose fortuné
Eut tous les droits d'un Amant couronné:
Du vrai bonheur il eut la jouissance.
Du Prince Anglais la gloire & la puissance
Ne s'étendait que sur des Rois vaincus,
Le fier Henri n'avait pris que la France,
Le lot du Page était bien audessus.
Mais que la joye est trompeuse & legére!
Que le bonheur est chose passagére!
Le charmant Page à peine avait gouté
De ce torrent de pure volupté;

Que

Que des Anglais arrive une cohorte.
On monte, on entre, on enfonce la porte.
Couple énivré des caresses d'amour
C'est l'aumonier qui vous joua ce tour.
On prend Agnès, on prend son ami tendre.
De vers Chandos on s'en va les mener.
Certes, au Diable il faudrait me donner
Pour vous décrire & pour vous bien aprendre,
L'effroi, le trouble & la confusion,
Le désespoir, la désolation,
L'amas d'horreurs, l'état épouvantable
Qui le beau page & son Agnès accable.
Ils rougissaient de s'être fait heureux,
A Jean Chandos que diront-ils tous deux?
Dans le chemin advint que de fortune
Ce corps Anglais rencontra sur la brune
Vingt Chevaliers qui pour Charle tenaient
Et qui de nuit en ces quartiers rodaient
Pour découvrir si l'on avait nouvelle
Touchant Agnès & touchant la Pucelle.
Quand deux mâtins, deux coqs & deux amants
Nez contre nez se rencontrent aux champs;
Lorsqu'un supôt de la grace éfficace
Trouve un col tors de l'école d'Ignace;
Quand un Enfant de Luther ou Calvin,
Voit par hazard un Prêtre ultramontain;
Sans perdre tems un grand combat commence,
A coups de gueule ou de plume ou de lance.
Semblablement les Gendarmes de France,
Tout de plus loin qu'ils virent les Bretons,
Fondent dessus legers comme faucons.
Les gens Anglais sont gens qui se deffendent,
Mille beaux coups se donnent & se rendent.
Le fier coursier qui notre Agnès portait
Etait actif, jeune, fringuant comme elle.

Il se cabrait, il ruait, il tournait:
Agnès allait sautillant sur la selle.
Bientôt au bruit des cruels combattans
Il s'éffarouche; il prend le mors aux dents;
Agnès en vain veut d'une main timide
Le gouverner dans sa course rapide,
Elle est trop faible; il lui falut enfin,
A son cheval remettre son destin.
Le beau Monrose au fort de la mêlée
Ne peut savoir où sa Nimphe est allée
Le Coursier vole aussi promt que le vent,
Et sans relache ayant couru six mille,
Il s'arrêta dans un valon tranquille,
Tout vis à vis la porte d'un couvent.
Un bois était près de ce monastère,
Au près du bois une onde vive & claire
Fuit & revient; & par de longs détours
Parmi des fleurs elle poursuit son cours.
Plus loin s'éléve une coline verte
A chaque Automme enrichie & couverte
Des doux présents dont Noë nous dota,
Lors qu'à la fin son grand cofre il quitta
Pour réparer du genre humain la perte,
Et que lassé du spectacle de l'eau,
Il fit du vin par un art tout nouveau.
Flore & Pomone, & la féconde haleine
Des doux Zéphirs parfument ces beaux champs,
Sans se lasser, l'œuil charmé s'y promêne,
Le Paradis de nos premiers Parens
N'avait point eû de vallons plus riants,
Plus fortunés, & jamais la nature
Ne fut plus belle & plus riche & plus pure,
L'air qu'on respire en ces lieux écartés,
Porte la paix dans les cœurs agités,
Et des chagrins calmant l'inquiétude,

Fait

Fait aux mondains aimer la solitude.
Au bord de l'onde Agnès se reposa,
Sur le couvent ses beaux yeux arrêta:
Et de ses sens le trouble se calma,
C'était, Lecteur, un Couvent de Nonettes.
Ah, dit Agnès, adorables retraites!
Lieu où le Ciel a versé ses bienfaits,
Séjour heureux d'innocence & de paix,
Hélas! du Ciel la faveur infinie
Peut-être ici me conduit tout exprès
Pour y pleurer les erreurs de ma vie.
De chastes Sœurs épouses de leur DIEU,
De leurs vertus embeaument ce beau lieu,
Et moi fameuse entre les pécheresses,
J'ai consumé mes jours dans les faiblesses.
Agnés ici parlant à haute voix,
Sur le portail aperçut une croix:
Elle adora d'humilité profonde,
Ce signe heureux du salut de ce monde,
Et se sentant quelque componction
Elle comptait s'en aller à confesse;
Car de l'amour à la dévotion
Il n'est qu'un pas: l'un & l'autre est tendresse.
Or du moutier la vénérable Abesse
Depuis deux jours était allée à Blois,
Pour du Couvent y soutenir les droits.
Ma sœur Besogne avait en son absence,
Du Saint troupeau la bénigne intendance.
Elle accourut au plus vite au parloir,
Puis fit ouvrir pour Agnès recevoir.
Entrez, dit-elle, aimable voyageuse:
Quel bon patron, quelle fête joyeuse
Peut amener au pied de nos Autels
Cette beauté dangereuse aux mortels?
Seriez vous point quelque Ange ou quelque Sainte Qui

Qui des hauts Cieux abandonne l'enceinte
Pour ici bas nous faire la faveur
De consoler les filles du Seigneur ?
Agnès répond c'est pour moi trop d'honneur,
Je suis, ma sœur, une pauvre mondaine.
De grands péchez mes beaux jours sont ourdis,
Et si jamais je vais en Paradis
Je n'y serai qu'auprès de Magdelaine.
De mon destin le caprice fatal,
DIEU, mon bon Ange & surtout mon cheval,
Ne sait comment en ces lieux m'ont portée;
De grand remords mon ame est agitée;
Mon cœur n'est point dans le crime endurci,
J'aime le bien, j'en ai perdu la trace,
Je le retrouve & je sens que la grace
Pour mon salut veut que je couche ici.

Ma sœur Besogne avec douceur prudente,
Encouragea la belle pénitente,
Et de la grace exaltant les attraits
Dans sa Cellule elle conduit Agnès.
Cellule propre & bien illuminée,
Pleine de fleurs & galament ornée,
Lit ample & doux : on dirait que l'amour
A de ses mains arangé ce séjour.
Agnès tout bas louant la Providence,
Vit qu'il est doux de faire pénitence.

Après soupé (car je n'omettrai point
Dans mes récits ce noble & digne point;)
Besogne dit à la belle étrangere
Il est nuit close, & vous savez, ma chére,
Que c'est le tems où les esprits malins
Rodent par tous & vont tenter les Saints.
Il nous faut faire une œuvre profitable.
Couchons ensemble, afin que si le Diable
Veut contre nous faire ici quelque effort,

Nous

Nous trouvant deux, le Diable en soit moins fort.
La Dame errante accepta la partie,
Elle se couche, & croit faire œuvre pie,
Croit qu'elle est Sainte, & que le Ciel l'absout;
Mais son destin la poursuivait partout.
Puis-je au Lecteur raconter sans vergogne;
Ce que c'était que cette sœur Besogne;
Il faut le dire, il faut tout publier,
Ma sœur Besogne était un Bachelier,
Qui d'un Hercule eut la force en partage
Et d'Adonis le gracieux visage,
N'ayant encor que vingt ans & demi,
Blanc comme lait, & frais comme rosée,
La Dame Abesse en personne avisée
En avait fait depuis peu son ami.
Sœur Bachelier vivait dans l'Abaïe,
En cultivant son ouaille jolie,
Ainsi qu'Achille en fille déguisé
Chez Licoméde était favorisé
Dés doux baisers de sa Déidamie.
La pénitente était à peine au lit
Avec sa sœur, soudain elle sentit
Dans la Nonain métamorphose étrange.
Assurément elle gagnait au change.
Crier, se plaindre, eveiller le couvent,
N'aurait été qu'un scandale imprudent.
Souffrir en paix, soupirer & se taire
Se résigner est tout ce qu'on peut faire.
Puis rarement en telle occasion
On a le tems de la reflexion.
Quand sœur Besogne à sa fureur claustrale,
(Car on se lasse) eut mis quelque intervale,
La belle Agnès, non sans contrition
Fit en secret cette reflexion.
C'est donc en vain que j'eus toûjours en tête

Le

Le beau projet d'être une femme honnête,
C'est donc en vain que l'on fait ce qu'on peut,
N'est pas toujours femme de bien qui veut.

LIVRE NEUVIEME.

Les Anglais violent le Couvent: Combat de Saint George Patron d'Angleterre contre Saint Denis Patron de la France.

JE vous dirai, sans harangue inutile,
Que le matin nos deux charmants reclus
Lassés tous deux de plaisirs deffendus,
S'abandonnaient l'un vers l'autre étendus,
Aux doux repos d'une ivresse tranquile.
Un bruit affreux déranga leur sommeil,
De tous côtés le flambeau de la guerre,
L'horrible mort éclaire leur réveil,
Près du couvent le sang couvrait la terre.
Cet escadron de Malandrins Anglais
Avait battu cet escadron Francais.
Ceux-ci s'en vont à travers de la plaine,
Le fer en main, ceux-là volent après;
Frapant, tuant, criant tous hors d'haleine,
Mourez sur l'heure, ou rendez-nous Agnès.
Mais aucun d'eux n'en savait des nouvelles.
Le vieux Colin Pasteur de ces Cantons,
Leur dit, Messieurs, en gardant mes moutons
Je vis hier le miracle des belles,
Qui vers le soir entrait en ce moutier;
Lors les Anglais se mirent à crier;

Ah

Ah c'eſt Agnès, n'en doutons point, c'eſt elle;
Entrons amis; la Cohorte cruelle
Saute à l'inſtant deſſus ces murs bénis.
Voilà les loups au milieu des brebis.
Dans le Dortoir de Cellule en Cellule,
A la chapelle, à la Cave, en tout lieu,
Ces ennemis des Servantes de Dieu,
Attaquent tout ſans honte & ſans ſcrupule.
Ah ſœur Agnès, ſœur Maton, ſœur Urſule
Où courez-vous, levant les mains aux Cieux,
Le trouble au ſein, la mort dans vos beaux yeux!
Où fuyez-vous, Colombes gemiſſantes?
Vous embraſſez, interdites, tremblantes,
Ce Saint Autel aſile redouté
Sacré garant de vôtre chaſteté.
C'eſt vainement dans ce péril funeſte
Que vous criez à vôtre époux celeſte.
A ſes yeux même, à ces mêmes Autels
Tendres Troupeaux, vos raviſſeurs cruels
Vont profaner la foi pure & ſacrée
Qu'innocemment vôtre bouche a jurée.
Je ſçai qu'il eſt des Lecteurs bien mondains,
Gens ſans pudeur, ennemis des nonnains,
Mauvais plaiſants, de qui l'Eſprit frivole
Oſe inſulter aux filles qu'on viole;
Laiſſons-les dire; helas! mes chéres ſœurs,
Qu'il eſt affreux pour de ſi jeunes cœurs,
Pour des beautez ſi ſimples, ſi timides,
De ſe débattre en des bras homicides;
De recevoir les baiſers dégoutans
De ces félons de carnage fumants,
Qui d'un effort déteſtable & farouche
Les yeux en feu, le blaſphême à la bouche,
Mêlent l'horreur avec la volupté
Et font l'amour avec férocité,

De

De qui l'haleine horrible, empoisonnée
La barbe dure & la main forcenée,
Le corps hideux, le bras noir & sanglant
Semblent donner la mort en caressant,
Et qu'on prendrait dans leurs fureurs étranges
Pour des Démons qui violent des Anges!
Déja le crime aux regards effrontés
A fait rougir ces dévotes beautés.
Sœur Rebondi si dévote & si sage
Au fier Shipunk est tombée en partage.
Le dur Barclay, l'incrédule Warton
Sont tous les deux après sœur Amidon,
On pleure, on prie, on jure, on presse, on cogne,
Dans le tumulte on voyait sœur Besogne
Se débatant contre Bard & Curon,
Qui la pressant sans entendre raison.
Aimable Agnès dans la troupe affligée
Vous n'étiez pas pour être négligée:
Et votre sort, objet charmant & doux,
Est à jamais de pécher malgré vous.
Le Chef sanglant de la Gent sacrilége,
Hardi vainqueur vous presse, & vous assiége
Et les soldats soumis dans leur fureur
Avec respect lui cédaient cet honneur.
Le juste Ciel en ses décrets sévéres
Met quelquefois un terme à nos miséres.
Car dans le temps que Messieurs d'Albion
Avaient placé l'abomination
Toute au milieu de la sainte Sion;
Du haut des Cieux le Patron de la France
Le bon Denis propice à l'innocence,
Crut échaper aux soupçons inquiets
Du fier Saint George ennemi des Français.
Du Paradis il vint en diligence:
Mais pour descendre au terrestre séjour

Plus

Plus ne monta fur un rayon du jour;
Sa marche alors aurait paru trop claire.
Il s'en alla vers le Dieu du mistère
Dieu fage & fin, grand ennemi du bruit,
Qui partout vole & ne va que de nuit.
Il favorife (& certes c'eft dommage)
Force fripons; mais il conduit le fage;
Il eft fans ceffe à l'Eglife, à la Cour;
Au tems jadis il a guidé l'amour.
Il mit d'abord au milieu d'un nuage
Le Bon Denis; puis il fit le voyage
Par un chemin folitaire, écarté,
Parlant tout bas, & marchant de côté.
Des bons Français le protecteur fidèle
Non loin de Blois rencontra la pucelle,
Qui fur le dos de fon gros muletier
Gagnait pays par un petit fentier,
En priant DIEU qu'une heureufe avanture
Lui fit enfin retrouver fon armure.
Tout du plus loin que Saint Denis la vit,
D'un ton bénin le bon Patron lui dit:
O ma pucelle, ô vierge deftinée
A protéger les filles & les Rois,
Viens fecourir la pudeur aux abois;
Viens réprimer la rage forcenée;
Viens; que ce bras vangeur des fleurs de Lys
Soit le fauveur de mes tendrons bénis:
Voi ce Couvent; le tems preffe, on viole:
Viens ma pucelle; il dit & Jeanne y vole.
Le cher Patron lui fervant d'écuier,
A coup de fouet hâtait le muletier.
Vous voici Jeanne au milieu des infames
Qui tourmentaient ces vénérables Dames.
Jeanne était nue; un Anglais impudent
Vers cet objet tourne foudain la tête.

E Il

Il la convoite : il penſe fermement
Qu'elle venait pour être de la fête.
Vers elle il court, & ſur ſa nudité
Il va cherchant la ſale volupté.
On lui répond d'un coup de cimeterre
Droit ſur le nez. L'infâme roule à terre,
Jurant ce mot des Français révéré,
Mot énergique, au plaiſir conſacré,
Mot que ſouvent le profane vulgaire
Indignement prononce en ſa colère.
Jeanne à ſes pieds foulant ſon corps ſanglant,
Criait tout haut à ce peuple méchant :
Ceſſez, cruels, ceſſez troupe profane,
O violeurs ! craignez DIEU ; craignez Jeanne.
Ces mécréans au grand œuvre attachés
N'écoutaient rien, ſur leurs nonains juchés ;
Tels des ânons broutent des fleurs naiſſantes
Malgré les cris du maître & des ſervantes.
Jeanne qui voit leurs impudents travaux,
De grande horreur ſaintement tranſportée,
Invoquant DIEU, de Denis aſſiſtée
Le fer en main vole de dos en dos ;
De nuque en nuque, & d'échine en échine,
Frapant, perçant de ſa lance divine ;
Pourfendant l'un alors qu'il commençait,
Dépêchant l'autre alors qu'il finiſſait :
Et moiſſonnant la cohorte félonne,
Si que chacun fut percé ſur ſa nonne,
Et perdant l'ame au fort de ſon déſir
Allait au Diable en mourant de plaiſir.
Le fier Warton dont la lubrique rage
Avait preſſé ſon déteſtable ouvrage,
Le fier Warton fut le ſeul écuier,
Qui de ſa nonne oſa ſe délier,
Et droit en pied reprenant ſon armure,
Attendit Jeanne & changea de poſture.

O vous grand saint protecteur de l'état,
Bon Saint Denis, témoin de ce combat,
Daignez redire à ma muse fidèle
Ce qu'à vos yeux fit alors ma pucelle.
Jeanne d'abord frémit, s'émerveilla;
Mon cher Denis! mon Saint, que vois-je là?
Mon corselet mon armure céleste
Ce beau présent que tu m'avais donné
Brille à mes yeux au dos de ce damné?
Il a mon casque, il a ma soubreveste.
Il était vrai, la Jeanne avait raison.
La belle Agnès en troquant de jupon
De cette armure en secret habillée
Par Jean Chandos fut bientôt dépouillée.
Isaac Warton Ecuier de Chandos,
Prit cet armure & s'en couvrit le dos;
Et DIEU permit qu'en ce jour la pucelle
Contre Warton combattit pour icelle.
Le bras tendu, le corps en son profil,
La tête haute, & le fer de droit fil,
Jeanne d'abord combat avec mesure,
Car son épée était sa seule armure.
L'Anglais recule, & la belle en courroux
Le poursuivant sans régle & sans mesure,
Du fer tranchant lui porte de grands coups;
Au mont Etna dans leur forge brulante,
Du noir Vulcain les borgnes compagnons
Font retentir l'enclume étincelante
Sous des marteaux moins redoublés, moins promps,
En préparant au maître du tonnerre
Son gros canon trop bravé sur la terre,
Le fier Anglais de fer enharnaché
Recule encor; son ame est stupéfaite
Quand il se voit si rudement touché

Par une jeune & fringante brunette.
La voyant nue il avait des remords:
Sa main tremblait de blesser ce beau corps.
Il se défend & combat en arrière,
De l'ennemie admirant les trésors,
Et se moquant de sa vertu guerrière.
Saint George alors au sein du Paradis
Ne voyant plus son confrére Denis,
Se douta bien que le Saint de la France
Portait au siens sa divine assistance.
Il promenait ses regards inquiets
Dans les recoins du céleste Palais.
Sans balancer aussitôt il demande
Son beau cheval connu dans la légende.
Le cheval vint; George le bien monté,
La lance au poing & le sabre au côté,
Va parcourant cet effroyable espace,
Que des humains vont mesurer l'audace;
Ces Cieux divers, ces globes lumineux
Que fait tourner René le songe creux, René Descartes.
Dans un amas de subtile poussière,
Beaux tourbillons que l'on ne prouve guère,
Et que Newton rêveur bien plus fameux,
Fait tournoyer sans boussole & sans guide
Autour du rien, tout au milieu du vuide.
George enflammé de dépit & d'orgueil
Franchit ce vuide arrive en un clein d'œil
Devers les lieux arrosés par la Loire,
Où Saint Denis croyait chanter victoire.
Ainsi l'on voit dans la profonde nuit
Une comète en sa longue carrière
Etinceller d'une horrible lumière;
On voit sa queuë, & le peuple frémit;
Le Pape en tremble, & la terre étonnée
Croit que les vins vont manquer cette année.

Tout

Tout du plus loin que Saint George apperçut
Monsieur Denis, de colère il s'émut;
Et brandissant sa lance meurtrière,
Il dit ces mots dans le vrai goût d'Homère.
Denis, Denis! rival faible & hargneux,
Timide appui d'un parti malheureux,
Tu descends donc en secret sur la terre
Pour égorger mes Héros d'Angleterre!
Crois-tu changer les ordres du destin
Avec ton âne & ton bras féminin!
Ne crains-tu pas que ma juste vengeance
Punisse enfin toi, ta fille & la France?
Ton triste chef branlant sur ton col tors
S'est déja vû séparé de ton corps,
Je veux t'ôter aux yeux de ton Eglise,
Ta tête chauve en son lieu mal remise,
Et t'envoyer vers les murs de Paris;
Digne Patron des Badauts attendris,
Dans ton fauxbourg, où l'on chomme ta fête,
Tenir encor & rebaiser ta tête.
Le bon Denis levant les mains aux Cieux,
Lui répondit d'un ton noble & pieux.
O grand Saint George, ô mon puissant confrère,
Veux-tu toûjours écouter ta colère?
Depuis le tems que nous sommes au Ciel
Ton cœur dévot est tout pétri de fiel.
Nous faudra-t-il bienheureux que nous sommes,
Saints enchâssés, tant fêtés chez les hommes,
Nous qui devons l'exemple aux Nations,
Nous décrier par nos divisions?
Veux-tu porter une guerre cruelle
Dans le séjour de la paix éternelle?
Jusques à quand les Saints de ton pays
Mettront-ils donc le trouble en Paradis?
O fiers Anglais, gens toujours trop hardis,

Le Ciel un jour à son tour en colère
Le lassera de vos façons de faire.
Ce Ciel n'aura, grace à vos soins jaloux
Plus de dévots qui viennent de chez vous,
Malheureux Saint, pieux atrabilaire,
Patron maudit d'un peuple sanguinaire,
Sois plus traitable, & pour DIEU laisse moi
Sauver la France, & sécourir mon Roi.
A ce discours George bouillant de rage
Sentit monter le rouge à son visage;
Et des Badauts contemplant le Patron
Il redoubla de force & de courage;
Car il prenait Denis pour un poltron.
Il fond sur lui, tel qu'un puissant Faucon
Vole de loin sur un tendre Pigeon.
Denis recule & prudent il appelle
A haute voix son âne si fidèle,
Son âne ailé sa joye & son secours.
Viens, criait-il, viens deffendre ma vie.
Le beau Grison revenait d'Italie
En ce moment; & moi conteur succint
Dirai bientôt ce qui fit qu'il revint.
A son Denis dos & selle il présente.
Nôtre Patron sur son âne élancé,
Sentit soudain sa valeur renaissante,
Subtilement il avait ramassé
Le fer tranchant d'un Anglais trépassé.
Lors brandissant le fatal cimeterre
Il pousse à George, il le presse, il le serre,
George indigné lui fait tomber en bref
Trois horions sur son malheureux chef:
Tous sont parés: Denis garde sa tête:
Et de ses coups fait tomber la tempête
Sur le Cheval & sur le Cavalier.
Le feu jaillit sur l'élastique acier.

Les

Les fers croisés & de taille & de pointe
A tout moment vont au fort du combat
Chercher le cou, le casque, le rabat
Et l'auréole, & l'endroit délicat
Où la cuirasse à l'éguillette est jointe. +
  Tous deux tenaient la victoire en suspens
Quand de sa voix terrible & discordante
L'âne entonna sa musique écorchante.
Le Ciel en tremble ; écho du fond des bois
En frémissant répéte cette voix.
George pâlit : Denis d'une main leste
Fait une feinte, & d'un revers céleste
Tranche le nez du grand Saint d'Albion,
Le bout sanglant roule sur son arçon.
  George sans nez, mais non pas sans courage,
Vange à l'instant l'honneur de son visage,
Et jurant DIEU selon les nobles *us*
De ses Anglais, d'un coup de cimeterre
Coupe à Denis ce que jadis Saint Pierre
Certain Jeudi fit tomber à Malcus.
A ce spectacle, à la voix empoulée
De l'âne saint, à ses terribles cris
Tout fut ému dans les divins lambris.
Le beau portail de la voute étoilée
S'ouvrit alors, & des arches du Ciel
On vit sortir l'Arcange Gabriel,
Qui soutenu sur ses brillantes ailes,
Fend doucement les plaines éternelles,
Portant en main la verge qu'autrefois
De vers le Nil eut le divin Moïse,
Quand dans la mer suspendue & soumise
Il engloutit les peuples & les Rois.
Que vois-je ici ! cria-t-il en colère,
Deux Saints Patrons, deux enfans de lumière
Du DIEU de paix confidens éternels

+ Voir Rabelais, livre 4 3e ch. 8. et la Londres de Grosley, tome 3, page 11, 1770.

Vous

Vont s'échigner comme de vils mortels!
Laissez, laissez aux sots enfans des femmes
Les passions & le fer & les flammes.
Abandonnez à leur profane sort
Les corps chétifs de ces grossières âmes,
Nés dans la fange & formés pour la mort;
Mais vous, enfans qu'au séjour de la vie
Le Ciel nourit de sa pure ambrosie,
Etes-vous las d'être trop fortunés?
Etes-vous fous? Ciel! une oreille; un nez!
Vous que la grace & la miséricorde
Avaient formés pour prêcher la concorde!
Pouvez-vous bien de je ne sçai quels Rois
En étourdis embrasser la querelle?
Ou renoncez à la voute éternelle,
Ou dans l'instant qu'on se rende à mes loix.
Que dans vos cœurs la charité s'éveille.
George insolent, ramassez cette oreille;
Ramassez, dis-je, & vous Monsieur Denis
Prenez ce nez avec vos doigts bénis;
Que chaque chose en son lieu soit remise.
   Denis soudain va d'une main soumise
Rendre le bout au nez qu'il fit camus.
George à Denis rend l'oreille dévotte
Qui lui coupa. Chacun des deux marmotte
A Gabriel un gentil Orémus.
Tout se rajuste; & chaque cartilage
Va se placer à l'air de son visage.
Sang, fibres, chair, tout se consolida,
Et nul vestige aux deux Saints ne resta
De nez coupé, ni d'oreille abattue;
Tant les Saints ont la chair ferme & dodue!
   Puis Gabriel d'un ton de Président
Çà qu'on s'embrasse; il dit, & dans l'instant
Le doux Denis sans fiel & sans colère,

De

De bonne foi baiſa ſon adverſaire.
Mais le fier George en l'embraſſant jurait,
Et promettait que Denis le payerait,
Le bel Arcange après cette ambraſſade
Prend mes deux Saints; & d'un air gracieux,
A ſes côtés les fait voguer aux Cieux,
Où de Nectar on leur verſe razade.
Peu de lecteurs croiront ce grand combat;
Mais ſous les murs qu'arroſait le Scamandre
N'a-t-on pas vu jadis avec éclat
Les Dieux armés, de l'Olimpe deſcendre?
N'a-t-on pas vu chez le ſage Milton
D'Anges ailés toute une Légion
Rougir de ſang les céleſtes campagnes,
Jetter au nez quatre ou cinq cent montagnes,
Et qui plus eſt avoir du gros canon?
Pardonnez-moi le peu de fiction
Qui ſous les noms de Denis & de George
Vous a dépeint les peuples d'Albion,
Et les Français qui ſe coupaient la gorge.
Mais dans le Ciel ſi la paix revenait,
Il en était autrement ſur la terre,
Séjour maudit de diſcorde & de guerre.
Le bon Roi Charle en cent endroits courait,
Nommait Agnès, la cherchait, & pleurait.
Et cependant Jeanne la foudroyante
De ſon épée invincible & ſanglante
Au fier Warton le trépas préparait;
Elle l'atteint vers l'énorme partie
Dont cet Anglais profana le Couvent.
Warton chancéle, & ſon glaive tranchant
Quitte ſa main par la mort engourdie.
Il tombe, & meurt en reniant les Saints.
Le vieux troupeau des antiques Nonains
Voyant aux pieds de l'Amazone Auguſte

 Le

Le Chevalier ſanglant & trébuché,
Diſant *ave*, s'écriait il eſt juſte
Qu'on ſoit puni par où l'on a péché.
Sœur Rebondi qui dans la ſacriſtie
A ſuccombé ſous le vainqueur impie,
Pleurait le traître en rendant grace au Ciel;
Et meſurant des yeux le criminel,
Elle diſait d'une voix charitable;
Hélas, hélas, nul ne fut plus coupable.

LIVRE DIXIEME.

Monroſe tue l'Aumônier. Charles retrouve Agnès qui ſe conſolait avec Monroſe dans le Chateau de Cutendre.

J'avais juré de laiſſer la morale,
De conter net, de fuir les longs diſcours;
Mais que ne peut ce grand Dieu des amours?
Il eſt bavard, & ma plume inégale
Va griffonnant de ſon bec effilé
Ce qu'il inſpire à mon cerveau brulé.
Jeunes beautés, filles, veuves, ou femmes,
Qu'il enrôla ſous ſes drapeux charmants,
Vous qui lancez & recevez ſes flammes,
Or dites moi, quand deux jeunes amans
Egaux en grace, en mérite, en talents,
Aux doux plaiſir tous deux vous ſollicitent,
Egalement vous preſſent, vous excitent,
Mettent en feu vos ſenſibles apas;
Vous éprouvez un étrange embarras.

Con-

Connaissez vous cette histoire frivole
D'un certain âne, illustre dans l'école?
Dans l'écurie on vient lui présenter
Pour son dîner deux mesures égales
De même forme, à pareils intervales,
Des deux côtés l'ane se vit tenter
Egalement, & dressant ses oreilles
Juste au milieu des deux formes pareilles,
De l'équilibre accomplissant les Loix,
Mourut de faim de peur de faire un choix.
N'imitez pas cette philosophie
Daignez plutôt honorer tout d'un temps
De vos bontez vos deux jeunes amants,
Et gardez vous de risquer vôtre vie.
A quelque pas de ce joli couvent
Si pollué, si triste & si sanglant;
Où le matin vingt Nones affligées
Par l'Amazone ont été trop vangées,
Près de la Loire était un vieux chateau
A pont-levis, machi-coulis, tourelles,
Un long canal transparant, à fleur d'eau,
En serpentant tournait auprès d'icelles,
Puis embrassait en quatre cent jets d'arc
Les murs épais qui deffendaient le parc.
Un vieux Baron surnommé de Cutendre
Etait Seigneur de cet heureux logis.
En sureté chacun pouvait s'y rendre.
Le vieux Seigneur dont l'ame est bonne & tendre,
En avait fait l'azile du pays.
Français, Anglais, tous étaient ses amis.
Tout voyageur en coche, en botte, en guêtre,
Ou Prince, ou moine, ou nonne, ou turc, ou prêtre,
Y recevaient un accueil gracieux.
Mais il falait qu'on entrat deux à deux; Car

Car tout Baron a quelque fantaisie.
Or celui-ci pour jamais résolut
Qu'en son Chatel en nombre pair on fut;
Jamais impair; Telle était sa folie.
Quand deux-à-deux on abordait chez lui,
Tout allait bien; mais malheur à celui
Qui venait seul en ce logis se rendre,
Il soupait mal; il lui fallait attendre
Qu'un compagnon formât ce nombre heureux
Nombre parfait qui fait que deux font deux,
La fiére Jeanne ayant repris ses armes
Qui cliquetaient sur ses robustes charmes,
De vers la nuit y conduisit au frais
En devisant la belle & douce Agnès.
Cet Aumônier qui la suivait de près
Cet Aumônier ardent, insatiable,
Arrive aux murs du logis charitable.
Ainsi qu'un loup qui mâche sous sa dent
Le fin duvet d'un jeune agneau bêlant,
Plein de l'ardeur d'achever sa curée
Va du bercail escalader l'entrée;
Tel enflammé de sa lubrique ardeur
L'Oeuil tout en feu l'Aumônier ravisseur
Allait cherchant les restes de sa joye
Qu'on lui ravit lorsqu'il tenait sa proye.
Il sonne, il crie; on vient; on aperçut
Qu'il était seul; & soudain il parut
Que ces deux bois dont les forces mouvantes
Font ébranler les solives tremblentes
Du pont levis, par les airs s'élevaient,
Et s'élevant le pont levis haussaient.
A ce spectacle, à cet ordre du maître,
Qui jura DIEU, ce fut mon vilain prêtre.
Il suit des yeux les deux mobiles bois;
Il tend les mains, veut crier, perd la voix.
On voit souvent du haut d'une goutiére Des-

Descendre un chat auprès d'une voliére
Tendant la griffe à travers des barreaux,
Qui contre lui deffendent les oiseaux,
Il luit des yeux cette espèce emplumée
Qui se tapit au fonds d'une ramée.
Nôtre Aumonier fut encor plus confus
Alors qu'il vit sous des ormes touffus,
Un beau jeune homme à la tresse dorée,
Au sourcil noir, à la mine assurée,
Aux yeux brillants, au menton cotonné,
Au teint fleuri par les graces orné,
Tout raionnant des couleurs du bel âge;
C'était l'amour ou c'était mon beau page:
C'était Monrose. Il avait tout le jour,
Cherché l'objet de son naissant amour.
Dans le Couvent reçu par les Nonnettes,
Il aparut à ces filles discrettes,
Non moins charmant que l'Ange Gabriel,
Pour les bénir venant du haut du Ciel.
Les tendres sœurs voyant le beau Monrose
Sentaient rougir leurs visages de rose,
Disant tout bas, ah! que n'était-il là,
DIEU paternel, quand on nous viola!
Toutes en cercle autour de lui se mirent
Parlant sans cesse, & lorsqu'elles aprirent
Que ce beau page allait chercher Agnès,
On lui donna le coursier le plus frais,
Avec un guide; afin que sans esclandre
Il arrivat au Chateau de Cutendre.
En arrivant il vit près du chemin
Non loin du pont l'Aumonier inhumain.
Lors tout émû de joye & de colère:
Ah, c'est donc toi, prêtre de Belzebut!
Je jure ici Chandos & mon salut,
Et plus encor les yeux qui m'ont sçu plaire,

E 7 Que

Que tes forfaits vont enfin se payer.
Sans repartir le bouillant Aumonier
Prend d'une main par la rage tremblante
Un Pistolet, en presse le détente
Le chien s'abat, le feu prend, le coup part,
Le plomb chassé siffle & vole au hazard,
Suivant au loin la ligne mal mirée
Que lui traçait une main égarée.
Le page vise, & par un coup plus sur
Atteint le front, ce front horrible & dur,
Où se peignait une ame détestable.
L'Aumonier tombe & le page vainqueur
Sentit alors dans le fond de son cœur
De la pitié le mouvement aimable.
Hélas, dit-il, meurs du moins en Chrêtien;
Dis *Te Deum*; tu vécus comme un chien;
Demande au Ciel pardon de ta Luxure,
Prononce *Amen*, donne ton âme à DIEU.
Non, répondit le maraud à tonsure
Je suis damné, je vais au Diable, adieu.
Il dit & meurt: son ame déloiable
Alla grossir la cohorte infernale.
Tandis qu'ainsi ce monstre impénitent
Allait rotir aux brasier de Satan,
Le bon Roi Charle accablé de tristesse
Allait cherchant son errante maitresse:
Se promenant pour calmer sa douleur
De vers la Loire avec son confesseur.
Il faut ici, Lecteur, que je remarque
En peu de mots ce que c'est qu'un Docteur,
Qu'en sa jeunesse un amoureux Monarque
Par étiquette a pris pour directeur.
C'est un mortel tout pétri d'indulgence,
Qui doucement fait pancher dans ses mains,
Du bien du mal la trompeuse balance,

Vous

Vous mêne au Ciel par d'aimable chemins
Et fait pêcher son Maître en conscience :
Son ton, ses yeux, son geste composant,
Observant tout, flattant avec adresse
Le favori, le maître, la maîtresse ;
Toujours accort ; & toujours complaisant.
Le confesseur du Monarque Gallique
Etait un fils du bon Saint Dominique.
Il s'apellait le Pére Bonifoux,
Homme de bien, se faisant tout à tous.
Il lui disait d'un ton devot & doux,
Que je vous plains ! la partie animale
Prend le dessus ; la chose est bien fatale.
Aimer Agnès est un péché, vraiment ;
Mais ce péché se pardonne aisément.
Au tems jadis il était fort en vogue.
Chez les Hebreux, malgré le Décalogue,
Cet Abraham, ce pére des Croians
Avec Agar s'avisa d'être pére :
Car sa servante avait des yeux charmants,
Qui de Sara méritent la colère.
Jacob le juste épousa les deux sœurs.
Tout Patriarche a connu les douceurs
Du changement dans l'amoureux mistère.
Le vieux Booz en son vieux lit reçut
Après moisson la bonne & vieille Ruth.
Et sans conter la belle Betzabée
Du bon David l'ame fut absorbée
Dans les plaisirs de son ample serrail.
Son vaillant fils fameux par sa criniére
Un beau matin par grace singuliére,
Vous repassa tout ce gentil bercail.
De Salomon vous savez le partage.
Comme un Oracle on écoutait sa voix,
Il savait tout & des Rois le plus sage

Etait

Etait aussi le plus galant des Rois.
De leurs péchés si vous suivez la trace,
Si vos beaux ans sont livrés à l'amour;
Consolez-vous; la sagesse, à son tour.
Jeune on s'égare, & vieux on obtient grace.
Ah! dit Charlot, ce discours est fort bon,
Mais que je suis bien loin de Salomon!
Que son bonheur augmente mes détresses!
Pour ses ébats il eut sept cent maitresses,
Je n'en ay qu'une; hélas je ne l'ai plus!
Des pleurs alors sur son nez répandus
Interrompaient sa voix tendre & plaintive;
Lorsqu'il avise, en tournant vers la rive
Sur un cheval trottant d'un pas hardi
Un manteau rouge; un ventre rebondi,
Un vieux rabat; c'etait Bonneau lui même.
Un chacun sait qu'après l'objet qu'on aime,
Rien n'est plus doux pour un parfait amant,
Que de trouver son très cher confident,
Le Roi perdant & reprenant haleine,
Crie à Bonneau, quel Démon te ramène?
Que fait Agnès, dis, d'ou viens-tu? quel lieux
Sont embelis, éclairés par ses yeux?
Ou la trouver? dis-donc reponds-donc, parle.
Aux questions qu'enfilait le Roi Charle,
Le bon Bonneau conta de point en point
Comme il avait été mis en pourpoint;
Comme il avait servi dans la cuisine,
Comme il avait par fraude clandestine,
Et par miracle à Chandos échapé,
Quand à se battre on était occupé;
Comme on cherchait cette beauté divine;
Sans rien omettre il raconta fort bien
Ce qu'il savait; mais il ne savait rien.
Il ignorait la fatale avanture

Du

Du prêtre Anglais la brutale luxure,
Du page aimé l'amour respectueux,
Et du convent le sac incestueux.
  Après avoir bien expliqué leurs craintes,
Reprit cent fois le fil de leurs complaintes,
Maudit le sort & les cruels Anglais,
Tous deux étaient plus tristes que jamais.
Il était nuit; le char de la grande ourse,
Vers son Nadir, avait fourni sa course.
Le Jacobin dit au Prince pensif,
Il est bien tard, soiez mémoratif
Que tout mortel, Prince ou moine à cette heure
Devrait chercher quelque honnête demeure,
Pour y souper & pour passer la nuit.
Le triste Roi par le moine conduit,
Sans rien répondre, & ruminant sa peine
Le cou penché galoppe dans la plaine:
Et bientôt Charle & le prêtre & Bonneau
Furent tous trois aux fossés du château.
  Non loin du pont était l'aimable page
Lequel ayant jetté dans le canal
Le corps maudit de son damné rival,
Ne perdait point l'objet de son voyage.
Il dévorait en secret son ennui
Voyant ce pont entre sa Dame & lui.
Mais quand il vit aux rayons de la Lune
Les trois Français, il sentit que son cœur
Du doux espoir éprouvait la chaleur;
Et d'une grace adroite & non commune
Cachant son nom, & sur tout son ardeur;
Dès qu'il parut, dès qu'il se fit entendre
Il inspira je ne sai quoi de tendre;
Il plut au Prince, & le moine benin
Le caraissait de son air patelin,
D'un œuil devot & du plat de la main.

Le

Le nombre pair étant formé de quatre
On vit bientôt les deux flêches abattre
Le pont mobile ; & les quatre coursiers
Font en marchant gémir les madriers.
Le gros Bonneau tout essouflé chemine
En arrivant droit devers la cuisine,
Songe au souper. Le moine au même lieu,
Dévotement en rendit grace à DIEU.
Charle prenant un nom de Gentilhomme
Court à Cutendre avant qu'il prit son somme.
Le bon Baron lui fit son compliment ;
Puis le mena dans son apartement.
Charle a besoin d'un peu de solitude,
Il veut jouir de son inquiétude.
Il pleure Agnès. Il ne se doutait pas
Qu'il fut si près de ses jeunes apas.
  Le beau Monrose en fut bien d'avantage.
Avec adresse il fit causer un page,
Il se fit dire où reposait Agnès,
Remarquant tout avec des yeux discrets.
Ainsi qu'un chat qui d'un regard avide
Guette au passage une souris timide,
Marchant tout doux, la terre ne sent pas
L'impression de ses pieds délicats,
Dès qu'il l'a vue il a sauté sur elle.
Ainsi Monrose avançant vers la belle
Etend un bras, puis avance à têtons
Pesant l'orteil, & haussant les talons.
Agnès, Agnès, il entre dans ta chambre.
Moins promptement la paille vole à l'ambre,
Et le fer suit moins impatiquement,
Le tourbillon qui l'unit à l'aimant.
Le beau Monrose en arrivant se jette
A deux genoux au bord de la couchette,
Où sa maîtresse avait entre deux draps

Pour

Pour fomeiller arrangé fes apas,
De dire un mot aucun deux n'eut la force
Ni le loifir; le feu prit à l'amorce,
En un clin d'œuil : un baifer amoureux
Unit foudain leurs bouches demi clofes.
Leur ame vint fur leurs lévres de rofes.
Agnès aida Monrofe, impatient,
A dépouiller, à jetter promptement
De fes habits l'incommode parure,
Déguifement qui péfe à la nature,
Dans l'age d'or aux mortels inconnu,
Que hait furtout un Dieu qui va tout nu.
Dieux! quels objets! eft-ce Flore & Zéphire,
Eft-ce Pfiché qui careffe l'amour?
Eft ce Vénus que le fils de Cinire,
Tient dans fes bras loin des rayons du jour,
Tandis que Mars eft jaloux & foupire?
Le Mars Français, Charle au fond du chateau
Soupire alors avec l'ami Bonneau,
Mange à regret & boit avec trifteffe.
Un vieux valet bavard de fon métier,
Pour égayer fa taciturne Alteffe,
Apprit au Roi fans fe faire prier,
Que deux beautés, l'une robufte & fiére
Aux cheveux noirs, à la mine guerriére,
L'autre plus douce, aux yeux bleus, au teint frais,
Couchaient alors dans la gentilhommiére :
Charle étonné les foupçonne à ces traits.
Il fe fait dire & puis redire encore
Quels font les yeux, la bouche, les cheveux,
Le doux parler, le maintien vertueux,
Du cher objet de fon cœur amoureux.
C'eft elle enfin, c'eft tout ce qu'il adore;
Il en eft fur, il quitte fon repas.
Adieu Bonneau; je cours entre fes bras.

Il dit & vole & non pas ſans fraças:
Il était Roi cherchant peu le miſtère.
Plein de ſa joye il repette & redit
Le nom d'Agnès tant qu'Agnès l'entendit.
Le couple heureux en trembla dans ſon lit.
Que d'embarras! comment ſortir d'affaire?
Voici comment le beau Page s'y prit.
Près du Lambris dans une grande armoire,
On avait mis un petit oratoire;
Autel de poche, où lorſque l'on voulait
Pour quinze ſous un Capucin venait,
Sur le rétable en voute pratiquée
Eſt une niche en attendant ſon Saint.
D'un rideau vert la niche était maſquée.
Que fait Monroſe? un beau penſer lui vint
De s'ajuſter dans la niche ſacrée.
En bien heureux, derrière le rideau,
Il ſe tapit, ſans pourpoint, ſans manteau.
Le Prince approche, & preſque dès l'entrée
Il ſaute au cou de ſa belle adorée;
Et tout en pleurs il veut jouïr des droits
Qu'ont les Amans, ſur tout quand ils ſont Rois.
Le Saint caché frémit à cette vûe:
Il fait du bruit & la table remue:
Le Prince approche il y porte la main
Il ſent un corps, il recule il s'écrie
Amour, Satan, Saint François, Saint Germain,
Moitié frayeur, & moitié jalouſie.
Puis tire à lui; fait tomber ſur l'autel
Avec grand bruit le rideau ſous lequel
Se blotiſſait cette aimable figure;
Qu'à ſon plaiſir façonna la nature.
Son dos tourné par pudeur étalait
Ce que Céſar ſans pudeur ſoumettait
A Nicomède en ſa belle jeuneſſe;

Ce

Ce que jadis le Héros de la Grèce
Admira tant dans son Epheſtion,
Ce qu'Adrien mis dans le Panthéon
Que les Héros, ô Ciel, ont de faibleſſe!
Si mon Lecteur n'a point perdu le fil
De cette hiſtoire, au moins ſe ſouvient-il
Que dans le camp la courageuſe Jeanne
Traça jadis au bas du dos profane
D'un doigt conduit par Monſieur Saint Denis,
Adroitement trois belles fleurs de Lys.
Cet écuſſon, ces trois fleurs, ce derrière
Emurent Charle: il ſe mit en prière.
Il croit que c'eſt un tour de Belzébut.
De repentir & de douleur atteinte,
La belle Agnès s'évanouït de crainte.
Le Prince alors dont le trouble s'acrut,
Lui prend les mains; qu'on vole ici vers elle,
Accourez tous; le Diable eſt chez ma belle.
Aux cris du Roi le Confeſſeur troublé
Non ſans regret quitte auſſitôt la table;
L'ami Bonneau monte tout eſſouflé,
Jeanne s'éveille, & d'un bras redoutable
Prenant ce fer que la victoire ſuit,
Cherche l'endroit d'où partait tout le bruit.
Et cependant le Baron de Cutendre
Dormait à l'aiſe & ne put rien entendre.

LIVRE

LIVRE ONZIEME.

Sortie du Chateau de Cutendre. Combat de la Pucelle & de Jean Chandos : étrange loi du combat à laquelle la Pucelle est soumise ; vision, miracle qui sauve l'honneur de Jeanne.

EN accourant la fière Jeanne d'Arc
D'une lucarne aperçut dans le parc
Cent palefrois, une brillante troupe
De Chevaliers portans Dames en croupe,
Et d'Ecuyers qui tenaient dans leurs mains
Tout l'attirail des combats inhumains;
Cent boucliers où des nuits la courière
Refléchissait sa tremblante lumière,
Cent casques d'or d'aigrettes ombragés,
Et les longs bois d'un fer pointu chargés;
Et des rubans dont les touffes dorées
Pendaient au bout des lances acérées.
Voyant cela Jeanne crut fermement
Que les Anglais avaient surpris *Cutendre ;*
Mais Jeanne d'Arc se trompa lourdément.
En fait de guerre on peut bien se méprendre
Ainsi qu'ailleurs : mal voir & mal entendre
De l'Héroïne était souvent le cas;
Et Saint Denis ne l'en corrigea pas.
Ce n'était point des enfans d'Angleterre
Qui de Cutendre avaient surpris la terre,
C'était Dunois de Milan revenu,
Le grand Dunois à Jeanne si connu,

Qui

Qui ramenait la belle Dorothée.
Elle était d'aise & d'amour transportée;
Elle en avait sujet assurément;
Car auprès d'elle était son cher Amant.
Ce cher Amant, ce tendre la Trimouille
Pour qui son œuil de pleurs souvent se mouille,
L'ayant cherchée à travers cent combats
L'avait trouvée & ne la quittait pas.
En nombre pair cette troupe dorée
Dans le chateau la nuit était entrée.
Jeanne y vola : le bon Roi qui la vit
Crut qu'elle allait combattre, & la suivit,
Et dans l'erreur qui trompait son courage,
Il laisse encor Agnès avec son Page.
O Page heureux, & plus heureux cent fois
Que le plus grand le plus Chrêtien des Rois,
Que de bon cœur alors tu rendis grace
Au benoit Saint donc tu tenais la place!
Il te fallut rhabiller promptement.
Tu rajustas ta trousse diaprée.
Agnès t'aidait d'une main timorée
Qui s'égarait & se trompait souvent.
Que de baisers sur la bouche de rose
Elle reçut en r'habillant Monrose!
Que son bel œuil le voyant rajusté,
Semblait encor chercher la volupté!
Monrose au parc descendit sans rien dire.
Le Confesseur tout saintement soupire,
Voyant passer ce beau jeune garçon;
Qui lui donnait de la distraction.
La douce Agnès composa son visage,
Ses yeux, son air, son maintien, son langage.
Auprès du Roi Bonifoux se rendit,
Le consola, le rassura, lui dit
Que dans la niche un envoyé céleste

Etait

Etait d'enhaut venu pour annoncer
Que des Anglais la puiſſance funeſte,
Touchait au terme, & que tout doit paſſer;
Que le Roi Charle obtiendrait la victoire.
Charle le crut, car il aimait à croire.
La fière Jeanne appuya ce diſcours.
Du Ciel, dit-elle, acceptons le ſecours.
Venez, grand Prince, & rejoignons l'armée,
De vôtre abſence à bon droit alarmée.
Sans balancer la Trimouille & Dunois
De cet avis furent à haute voix.
Par ces Héros la belle Dorothée
Honnêtement au Roi fut préſentée.
Agnès la baiſe, & le noble eſcadron
Sortit enfin du logis du Baron.
Le juſte Ciel aime ſouvent à rire
Des paſſions du ſublunaire empire.
Il regardait cheminer dans les champs
Cet eſcadron de Héros & d'Amants.
Le Roi de France allait près de ſa belle
Qui s'efforçant d'être toujours fidèlle,
Sur ſon cheval la main lui preſentait,
Serrait la ſienne, exhalait ſa tendreſſe;
Et cependant, ô comble de faibleſſe!
De tems en tems le beau page lorgnait,
Le Confeſſeur pſalmodiant ſuivait,
Des voyageurs récitait la prière,
S'interrompait en voyant tant d'attraits,
Et regardait avec des yeux diſtraits
Le Roi, le Page, Agnès, & ſon bréviaire.
Tout brillant d'or, & le cœur plein d'amour
Ce la Trimouille ornement de la Cour,
Caracollait auprès de Dorothée
Yvre de joye & d'amour tranſportée,
Qui le nommait ſon cher libérateur,

Son

Son cher Amant, l'idole de ſon cœur.
Jeanne auprès d'eux, ce fier ſoutien du Trône,
Portant corſet & jupon d'Amazone,
Le chef orné d'un petit chapeau vert,
Enrichi d'or & de plumes couvert,
Sur ſon fier âne étalait ſes gros charmes,
Parlait au Roi, courait, allait le pas,
Se rengorgeait, & ſoupirait tout bas
Pour le Dunois compagnon de ſes armes;
Car elle avait toujours le cœur ému
Se ſouvenant de l'avoir vû tout nû.
Bonneau portant barbe de Patriarche,
Suant, ſoufflant, Bonneau fermait la marche.
O d'un grand Roi ſerviteur prétieux!
Il penſe à tout; il a ſoin de conduire
Deux gros mulets tous chargés de vin vieux;
Longs ſauciſſons, patés délicieux,
Jambons, poulets, ou cuits, ou prêts à cuire.
On avançait: alors que Jean Chandos
Cherchant partout ſon Agnès & ſon Page,
Au coin d'un bois, près d'un certain paſſage,
Le fer en main rencontra nos Héros.
Chandos avait une ſuite aſſez belle
De fiers Bretons, pareille en nombre à celle
Qui ſuit les pas du Monarque amoureux.
Mais elle était d'eſpèce différente;
On n'y voyait ni tétons ni beaux yeux.
Oh, oh, dit-il d'une voix menaçante,
Galants Français, objets de mon couroux,
Vous aurez donc trois filles avec vous,
Et moi Chandos je n'en aurai pas une?
Cà, combattons: je veux que la fortune
Décide ici qui ſait le mieux de nous
Mettre à plaiſir ſes ennemis deſſous,
Frapper d'eſtoc & pointer de ſa lance.

F Que

Que de vous tous le plus ferme s'avance;
Qu'on entre en lice; & celui qui vaincra
L'une des trois à son aise tiendra.
  Le Roi piqué de cette offre cinique
Veut l'en punir, s'avance, prend sa pique.
Dunois lui dit: ah laissez-moi, Seigneur,
Vanger mon Prince & des Dames l'honneur.
Il dit & court: la Trimouille l'arrête;
Chacun prétend à l'honneur de la fête.
L'ami Bonneau toujours de bon accord
Leur proposa de s'en remettre au sort.
Car c'est ainsi que les Guerriers antiques,
En ont usé dans les tems héroïques:
Même aujourdhui dans quelques Republiques
Plus d'un emploi, plus d'un rang glorieux,
Se tire aux dez, & tout en va bien mieux.
Le gros Bonneau tient le cornet, soupire
Craint pour son Roi, prend les dez, roule, tire.
Denis du haut du célèbre rempart,
Voyant le tout d'un paternel regard,
Et contemplant la Pucelle & son âne
Il conduisait ce qu'on nomme hazard.
Il fut heureux, le sort échut à Jeanne.
Jeanne, c'était pour vous faire oublier
L'infame jeu de ce grand Cordelier
Qui ci devant avait raflé vos charmes.
  Jeanne à l'instant court au Roi, court aux armes,
Modestement va derrière un buisson
Se délasser, détacher son jupon,
Et revêtir son armure sacrée,
Qu'un Ecuyer tient déja préparée.
Puis à cheval elle monte en couroux,
Branlant sa lance & serrant les genoux.
Elle invoquait les onze mille belles,
Du pucelage Héroïnes fidèles.

Pour

Pour Jean Chandos, cet indigne Chrétien
Dans les combats n'invoquait jamais rien.
Jean contre Jeanne avec fureur avance :
Des deux côtés égale est la vaillance ;
Ane & cheval bardés, coeffés de fer ;
Sous l'éperon partent comme un éclair,
Vont se heurter, & de leur tête dure
Front contre front fracassent leur armature ;
La flamme en sort, & le sang du Coursier
Teint les éclats du voltigeant acier.
Du choc affreux les échos retentissent,
Des deux coursiers les huit pieds rejaillissent,
Et les guerriers du coup désarçonnez
Tombent chacun sur la croupe étonnez.
Ainsi qu'on voit deux boules suspendues
Aux bouts egaux de deux cordes tendues
Dans une courbe au même instant partir,
Hater leur cours, se heurter, s'aplatir,
Et remonter sous le choc qui les presse
Multipliant leur poids par leur vitesse.
Chaque parti crut morts les deux coursiers,
Et tressaillit pour les deux chevaliers.
Or des Français la championne auguste
N'avait la chair si ferme si robuste,
Les os si durs, les membres si dispos,
Si musculeux, que le fier Jean Chandos.
Son équilibre ayant dans cette rixe
Abandonné sa ligne & son point fixe,
Son quadrupêde un haut le corps lui fit,
Qui dans le pré Jeanne d'Arc étendit
Sur son beau dos, sur sa cuisse gentille
Et comme il faut que tombe toute fille.
Chandos pensait qu'en ce grand désaroi
Il avait mis ou Dunois ou le Roi.
Il veut soudain contempler sa conquête

Le casque ôté, Chandos voit une tête
Où languissaient deux grands yeux noirs & longs.
De la cuirasse il défait les cordons.
Il voit ô Ciel, ô plaisir, ô merveille!
Deux gros tetons de figure pareille,
Unis, polis, séparés, demis ronds
Et surmontés de deux petits boutons
Qu'en sa naissance a la rose vermeille.
On tient qu'alors, en élevant la voix,
Il bénit DIEU pour la premiére fois.
Elle est à moi la Pucelle de France
S'écria t-il, contentons ma vangeance.
J'ai grace au Ciel doublement mérité
De mettre à bas cette fiére beauté
Que Saint Denis me regarde & m'accuse;
Mars & l'amour sont mes droiss, & j'en use.
Son Ecuyer disait, poussez Mylord;
Du Trône Anglais affermissez le sort.
Frére Lourdis envain nous décourage;
Il jure en vain que ce saint pucelage
Est des Troyens le grand Palladium,
Le bouclier sacré du Latium;
De la victoire il est, dit-il, le gage;
C'est l'oriflamme: il faut vous en saisir.
Oui, dit Chandos & j'aurai pour partage
Les plus grands biens, la gloire & le plaisir.
Jeanne pamée écoutait ce langage
Avec horreur, & faisait mille vœux
A Saint Denis ne pouvant faire mieux.
Le grand Dunois d'un courage héroïque
Veut empêcher le triomphe impudique.
Mais comment faire? il faut dans tout état
Qu'on se soumette à la loi du combat.
Les fers en l'air & la tête panchée,
L'oreille basse & du choc écorchée

Lan-

Languiſſamment le céleſte baudet
D'un œuil confus Jean Chandos regardait.
Il nourriſſait dès longtems dans ſon ame
Pour la Pucelle une diſcrette flâme,
Des ſentiments nobles & délicats,
Très peu connus des ânes d'ici bas,
Le Confeſſeur du bon Monarque Charle
Tremble en ſa chair alors que Chandos parle.
Il craint ſurtout que ſon chér Pénitent
Pour ſoutenir la gloire de la France,
Qu'on avilit avec tant d'impudence,
A ſon Agnès n'en veuille faire autant!
Et que la choſe encor ſoit imitée
Par la Trimouille & par ſa Dorothée.
Au pied d'un chêne il entre en oraiſon
Et fait tout bas ſa méditation
Sur les effets, la cauſe, la nature
Du doux péché qu'aucuns nomment luxure.
En méditant avec attention,
Le Bénoit moine eut une viſion,
Aſſez ſemblable au prophétique ſonge
De ce Jacob, heureux par un menſonge,
Pate pelu dont l'eſprit lucratif
Avait vendu ſes lentilles en Juif.
Ce vieux Jacob, ô ſublime miſtère!
Devers l'Euphrate une nuit aperçut
Mille belliers qui grimpèrent en rut
Sur le brebis qui les laiſſèrent faire.
Le moine vit de plus plaiſants objets,
Il vit courir à la même avanture
Tous les Héros de la race future.
Il obſervait les différents attraits,
De ces beautés qui dans leur douce guerre,
Donnent des fers aux maîtres de la terre.
Chacune était auprès de ſon Héros

Et l'enchainait des chaînes de Paphos.
Tels au retour de Flore & du Zéphire,
Quand le Printems reprend son doux empire,
Tous ces oiseaux peints de mille couleurs,
Par leurs amours agitent les feuillages :
Les papillons se baisent sur les fleurs,
Et les lions courent sous les ombrages
A leurs moitiés qui ne sont plus sauvages.
C'est-là qu'il vit le beau François premier,
Ce brave Roi, ce loyal Chevalier,
Avec Etampe, heureusement oublie
Les autres fers qu'il reçut à Pavie.
Là Charle-quint joint le mirthe au laurier,
Sert à la fois la Flamande & la Maure.
Quels Rois, ô Ciel! l'un à ce beau métier
Gagne la goutte, & l'autre pis encore.
Près de Diane on voit danser les ris,
Aux mouvements que l'amour lui fait faire
Quand dans ses bras tendrement elle serre
En se pâmant le second des Henris.
De Charle neuf le successeur volage,
Quitte en riant sa Cloris pour un Page,
Sans s'allarmer des troubles de Paris.
Mais quels combats le Jacobin vit rendre
Par Borgia le sixiéme Alexandre!
En cent tableaux il est représenté.
Là sans thiare & d'amour transporté,
Avec Vanose il se fait sa famille.
Un peu plus bas on voit sa Sainteté
Qui s'attendrit pour Lucréce sa fille.
O Léon dix, ô sublime Paul trois!
A ce beau jeu vous passiez tous les Rois,
Mais vous cédez à mon grand Béarnois,
A ce Vainqueur de la Ligue rebelle,
A mon Héros plus connu mille fois

Par

Par les plaisirs que gouta Gabrielle,
Que par vingt ans de travaux & d'exploits.
Bientôt on voit le plus beaux des spectacles,
Ce siécle heureux, ce siécle des miracles,
Ce grand Louis, cette superbe Cour
Où tous les Arts sont instruits par l'amour.
L'amour bâtit le superbe Versailles,
L'amour aux yeux des peuples éblouis,
D'un lit de fleurs fait un Trône à Louis,
Malgré les cris du fier Dieu des batailles:
L'amour améne au plus beau des humains
De cette Cour les rivales charmantes,
Toutes en feu, toutes impatientes;
De Mazarin la niéce aux yeux divins,
La généreuse & tendre la Valière, Vallière
La Montespan plus ardente & plus fiére.
L'une se livre au moment de jouir,
Et l'autre attend le moment du plaisir.
Voici le tems de l'aimable Régence,
Tems fortuné, marqué par la licence,
Où la folie agitant son grelot
D'un pied leger parcourt toute la France,
Où nul mortel ne daigne être dévot,
Où l'on fait tout excepté pénitence.
Le bon Régent de son Palais Royal
Des voluptés donne à tous le signal.
Vous répondez à ce signal aimable
Jeune Daphné, bel astre de la Cour,
Vous répondez du sein du Luxembourg.
Vous que Bacchus & le Dieu de la table
Ménent au lit, escortés par l'amour;
Mais je m'arrête, & de ce dernier âge
Je n'ose en vers tracer la vive image.
Trop de péril suit ce charme flatteur.
Le tems présent est l'arche du Seigneur,

Qui la touchait d'une main trop hardie
Puni du Ciel tombait en létargie,
Je me tairai ; mais ſi j'oſais pourtant
O des beautés aujourdhui la plus belle,
O tendre objet, noble, ſimple, touchant
Et plus qu'Agnès, généreuſe & fidelle,
Si j'oſais mettre à vos genoux charmans
Ce grain d'encens que l'on doit à Vénus !
Si de l'amour je déploiais les armes,
Si je chantais ce tendre & doux lien,
Si je diſais . . . . non, je ne dirai rien,
Je ſerais trop au deſſous de vos charmes.

Dans ſon extaſe enfin le moine noir
Vit à plaiſir ce que je n'oſe voir.
D'un œuïl avide & toujours très modeſte,
Il contemplait le ſpectacle céleſte,
De ces beautés, de ces nobles amants,
De ces plaiſirs deffendus & charmants.
Hélas, dit-il, ſi les grands de la terre
Font deux à deux cette éternelle guerre ;
Si l'Univers doit en paſſer par là ;
Dois-je gémir que Jean Chandos ſe mette
A deux genoux auprès de ſa brunette.
Du Seigneur DIEU la volonté ſoit faite.
Amen, amen, dit-il, & ſe pâma,
Croyant jouïr de tout ce qu'il voit là.

Mais Saint Denis était loin de permettre
Qu'aux yeux du Ciel Jean Chandos allât mettre
Et la Pucelle & la France aux abois.
Ainſi lecteur, vous avez quelque fois
Oüi conter qu'on nouait l'éguillette :
C'eſt une étrange & terrible recette,
Et dont un Saint ne doit jamais uſer,
Que quand d'une autre il ne peut s'aviſer.
D'un pauvre amant le feu ſe tourne en glace,

Vit

Vif & perclus sans rien faire il se lasse ;
Dans ses efforts étonné de languir
Et consumé sur le bord du plaisir.
Telle une fleur des feux du jour séchée
La tête basse, & la tige panchée,
Demande en vain les humides vapeurs
Qui lui rendaient la vie & les couleurs.
Voilà comment le bon Denis arrête
Le fier Anglais dans ses droits de conquête.
Jeanne échapant à son vainqueur confus,
Reprend ses sens quand il les a perdus,
Puis d'une voix imposante & terrible,
Elle lui dit tu n'ès pas invincible.
Tu vois qu'ici dans le plus grand combat
DIEU t'abandonne & ton cheval s'abat.
Dans l'autre un jour je vangerai la France,
Denis le veut & j'en ai l'assurance;
Et je te donne avec tes combattans
Un rendez vous sous les murs d'Orléans.
Le fier Chandos lui repartit ; ma belle,
Vous m'y verrez, pucelle ou non pucelle :
J'aurai pour moi Saint George le très-fort,
Et je promèts de réparer mon tort.

F[illegible] LIVRE

[illegible]

LIVRE DOUZIEME.

Comment Jean Chandos veut abuser de la dévote Dorothée. Combat de la Trimouille & de Chandos. Ce fier Chandos est vaincu par Dunois.

O Volupté mère de la nature,
Belle Vénus, seule Divinité
Que dans la Grèce invoquait Epicure,
Qui du Cahos chassant la nuit obscure,
Donnes la vie & la fécondité,
Le sentiment & la félicité
A cette foule innombrable agissante
D'êtres mortels à ta voix renaissante;
Toi que l'on peint désarmant dans tes bras
Le DIEU du Ciel & le DIEU de la guerre;
Qui d'un sourire écartes le tonnerre,
Calmes les flots, fais naître sous tes pas
Tous les plaisirs qui consolent la terre;
Tendre Vénus, conduis en sureté
Le Roi des Francs qui défend sa patrie,
Loin des périls conduis à son côté,
La belle Agnès à qui son cœur se fie;
Pour ces amants de bon cœur je te prie.
Pour Jeanne d'Arc je ne t'invoque pas;
Elle n'est pas encor sous ton empire,
C'est à Denis de veiller sur ses pas;
Elle est pucelle, & c'est lui qui l'inspire.
Je recommande à tes douces faveurs
De la Trimouille & cette Dorothée,

Verse

Verse la paix dans leurs sensibles cœurs;
De son amant que jamais écartée
Elle ne soit exposée aux fureurs
Des ennemis qui l'ont persécutée.
  Et toi Comus récompense Bonneau;
Répands tes dons sur ce bon Tourangeau,
Qui sut conclure un accord pacifique
Entre son Prince, & ce Chandos cinique.
Il obtint d'eux avec dexterité
Que chaque troupe irait de son côté
Sans nul reproche & sans nulles querelles,
A droite à gauche ayant la Loire entr'elles.
Sur les Anglais il étendit ses soins;
Selon leurs gouts, leurs mœurs, & leurs besoins,
Un gros Rostbief que le beurre assaissonne,
Des plumpuddings, de vins de la Garonne
Leur sont offerts; & les mets plus exquis;
Les ragouts fins dont les jus pique & flatte;
Et les perdrix à jambes d'ecarlatte
Sont pour le Roi, les belles, les Marquis.
Le fier Chandos partit donc après boire,
Et côtoya les rives de la Loire,
Jurant tout haut que la première fois
Sur la pucelle il reprendrait ses droits;
En attendant il reprit son beau Page.
Jeanne revint ranimant son courage,
Se replacer à côté de Dunois.
  Le Roi des Francs avec sa garde bleue,
Agnès en tête, un Confesseur en queue,
A remonté l'espace d'une lieue
Les bords fleuris où la Loire s'étend
D'un cours tranquile & d'un flot inconstant.
  Sur des batteaux & des planches usées
Un Pont joignait les rives opposées.
Une Chapelle était au bout du Pont.

C'était Dimanche. Un hermite à sandale,
Fait raisonner sa voix sacerdotale.
Il dit la Messe, un enfant la répond.
Charle & les siens ont eu soin de l'entendre
Dès le matin au château de Cutendre;
Mais Dorothée en attendait toujours
Deux pour le moins, depuis qu'à son secours
Le juste Ciel vengeur de l'innocence,
Du grand bâtard employa la vaillance,
Et protegea ses fidèles amours.
Elle descend, se retrousse, entre vîte,
Signe sa face en trois jets d'eau bénite,
Plie humblement l'un & l'autre genou,
Joint les deux mains & baisse son beau cou.
Le bon hermite en se tournant vers elle,
Tout ébloui, ne se connaissant plus,
Au lieu de dire un *fratres, oremus*,
Roulant les yeux dit *fratres, qu'elle est belle!*
Chandos entra dans la même Chapelle
Par passe-tems beaucoup plus que par zèle,
La tête haute il salue en passant
Cette beauté dévote à la Trimouille,
Et derrière elle en sifflant s'agenouille
Sans un seul mot de *pater*, ou d'*avé*.
D'un cœur contrit au Seigneur élevé,
D'un air charmant la tendre Dorothée
Se prosternait par la grace excitée,
Front contre terre & derriére levé;
Son court jupon retroussé par mégarde
A découvert deux jambes dont l'amour
A dessiné la forme & le contour,
Jambes d'yvoire, & telles que Diane
En laissa voir au chasseur Actéon.
Chandos alors faisant peu l'oraison,
Sentit au cœur un désir très-profane.

Sans

Sans nul respect pour un lieu si divin,
Il va glissant une insolente main
Sous le jupon qui couvre un blanc satin.
Je ne veux point par un crayon cinique,
Effarouchant l'esprit sage & pudique,
De mes lecteurs, étaler à leur yeux
Du grand Chandos l'effort audacieux.
Mais la Trimouille ayant vû disparaître
Le tendre objet dont l'amour le fit maître,
Vers la Chapelle il adresse ses pas.
Jusqu'où l'amour ne nous conduit il pas?
La Trimouille entre au moment où le Prêtre
Se retournait, où l'insolent Chandos
Etait tout près du plus charmant des dos,
Où Dorothée effrayée, éperdue
Poussait des cris qui vont fendre la nue;
Je voudrais voir nos bons peintres nouveaux
Sur cette affaire exerçant leurs pinceaux,
Peindre à plaisir sur ces quatre visages
L'étonnement des quatre personnages.
Le Poitevin criait à haute voix,
Oses-tu bien, Chevalier discourtois,
Anglais sans frein, profanateur impie,
Jusqu'en ces lieux porter ton infamie?
D'un ton railleur où régne un air hautain,
Se rajustant, & regagnant la porte,
Le fier Chandos lui dit, que vous importe?
De cette Eglise êtes vous Sacristain?
Je suis bien plus, dit le Français fidèle,
Je suis l'amant aimé de cette belle.
Ma coutume est de vanger hautement
Son tendre honneur attaqué trop souvent.
Vous pourriez bien risquer ici le vôtre,
Lui dit l'Anglais: nous savons l'un & l'autre
Nôtre portée, & Jean Chandos peut bien

 Lorgner

Lorgner un dos, mais non monter le sien.
Le beau Français & le Breton qui raisse
Font préparer leurs chevaux de bataille,
Chacun reçoit des mains d'un Ecuyer
Sa longue lance & son rond bouclier,
Se met en selle, & d'une course fière
Passe, repasse, & fournit sa carrière.
De Dorothée & les cris & les pleurs
N'arrêtaient point l'un & l'autre adversaire.
Son tendre amant lui criait, beauté chère,
Je cours pour vous, je vous vange ou je meurs.
Il se trompait: sa valeur & sa lance
Brillaient en vain pour l'amour & la France.
Après avoir en deux endroits percé
De Jean Chandos le haubert fracassé,
Prêt à saisir une victoire sûre,
Son cheval tombe, & sur lui renversé
D'un coup de pied sur son casque faussé,
Lui fait au front une large blessure.
Le sang vermeil coule sur la verdure,
L'hermite accourt; il croit qu'il va passer
Crie *in manus*, & le veut confesser.
Ah Dorothée! ah douleur inouïe!
Auprès de lui sans mouvement, sans vie,
Ton désespoir ne pouvait s'exhaler;
Mais que dis-tu lorsque tu pu parler?
Mon cher amant! c'est donc moi qui te tue?
De tous tes pas la compagne assidue
Ne devait pas un moment s'écarter;
Mon malheur vient d'avoir pû te quitter.
Cette Chapelle est ce qui m'a perdue,
Et j'ai trahi la Trimouille & l'amour
Pour assister à deux Messes par jour!
Ainsi parlait sa tendre amante en larmes,
Chandos riait du succès de ses armes.

„ Mon

„ Mon beau Français la fleur des Chevaliers,
„ Et vous aussi dévote Dorothée,
„ Couple amoureux, soyez mes prisonniers,
„ De nos combats c'est la loi respectée:
„ Venez; je veux que ce Héros vaincu
„ Soit en un jour & captif & cocu.
  Le juste Ciel tardif en sa vengeance
Ne souffrit pas cet excès d'insolence.
De Jean Chandos les péchés redoublés,
Filles, garçons, tant de fois violés,
Impiété, blasphême, impénitence,
Tout en son tems fut mis dans la balance,
Et fut pesé par l'Ange de la Mort.
Le grand Dunois avait de l'autre bord
Vû le combat & la déconvenue
De la Trimouille; une femme éperdue
Qui le tenait languissant dans ses bras,
L'Hermite auprès qui marmotte tout bas,
Et Jean Chandos qui près deux caracole.
A ces objet il pique, il court, il vole.
  C'était alors l'usage en Albion
Qu'on appellât les choses par leur nom.
Déja du Pont franchissant la barrière
Vers le vainqueur il s'était avancé;
Fils de putain, nettement prononcé,
Frappe au timpan de son oreille altière.
Oui je le suis, dit-il, d'une voix fière,
Tel fut Alcide, & le divin Bacchus,
L'heureux Persée & le grand Romulus,
Qui des brigands ont délivré la terre.
C'est en leur nom que j'en vais faire autant;
Va, souvien-toi que d'un bâtard Normand
Le bras vainqueur a soumis l'Angleterre.
O vous batards du maître du tonnerre,
Guidez ma lance & conduisez mes coups!

L'hon-

L'honneur le veut, vangez-moi, vangez-vous.
Cette priére était peu convenable :
Mais le Héros savait très-bien la fable ;
Pour lui la Bible eut des charmes moins doux.
Il dit & part. Les Molettes dorées
Des éperons armés de courtes dents,
De son coursier piquent les nobles flancs.
Le premier coup de sa lance acérée
Fend de Chandos l'armure diaprée,
Et fait tomber une part du collet
Dont l'acier joint le casque au corcelet.
Le brave Anglais porte un coup éffroïable ;
Du bouclier la voute impénétrable
Reçoit le fer qui s'écarte en glissant.
Les deux guerriers se joignent en passant ;
Leur force augmente ainsi que leur colère,
Chacun saisit son robuste adversaire,
Les deux coursiers sous eux se dérobans,
Débarassés de leurs fardeaux brillans,
S'en vont en paix errer dans les Campagnes ;
Tels que l'on voit dans d'affreux tremblemens
Deux gros rochers détachés des montagnes,
Avec grand bruit l'un sur l'autre roulans.
Ainsi tombaient ces deux fiers combattans,
Frappant la terre & tous deux se serrans,
Du choc bruïant les échos retentissent,
L'air s'en émeut, les Nimphes en gémissent.
Ainsi quand Mars suivi par la terreur,
Couvert de sang, armé par sa fureur,
Du haut des Cieux descendait pour défendre
Les habitans des rives de Scamandre,
Et quand Pallas anïmait contre lui
Cent Rois ligués dont elle était l'apui,
La terre entiére en était ébranlée :
De l'achéron la rive était troublée,

Et

Et paliſſant ſur ſes horribles bords
Pluton tremblait pour l'Empire des morts.
Les deux héros fièrement ſe relèvent,
Les yeux en feu ſe regardent, s'obſervent,
Tirent leur ſabre, & ſous cent coups divers
Rompent l'acier dont tous deux ſont couverts.
Déja le ſang coulant de leurs bleſſures
D'un rouge noir avait teint leurs armures.
Les ſpectateurs en foule ſe preſſants
Faiſaient un cercle autour des combattans,
Le cou tendu, l'œuil fixé, ſans haleine,
N'oſant parler & remuant à peine.
On en vaut mieux quand on eſt regardé;
L'œuil du public eſt aiguillon de gloire.
Les champions n'avaient que préludé
A ce combat d'éternelle memoire.
Achille, Hector, & tous les demi-Dieux,
Les grenadiers bien plus terribles qu'eux,
Et les lions beaucoup plus redoutables,
Sont moins cruels, moins fiers, moins implacables,
Moins acharnés. Enfin l'heureux bâtard
Se ranimant, joignant la force à l'art,
Saiſit le bras de l'Anglais qui s'égare,
Fait d'un revers voler ſon fer barbare,
Puis d'une jambe avancée à propos
Sur l'herbe rouge étend le grand Chandos;
Mais en tombant ſon ennemi l'entraine.
Couverts de poudre ils roulent dans l'Aréne,
L'Anglais deſſous & le Français deſſus.
Le doux vainqueur dont les nobles vertus
Guident ſon cœur quand ſon ſort eſt proſpère,
De ſon genou preſſant ſon adverſaire
Rends-toi, dit-il; Oui dit Chandos, attends,
Tien, c'eſt ainſi Dunois que je me rends.
Tirant alors pour reſſource dernière Un

Un stilet court, il étend en arrière
Son bras nerveux, le ramène en jurant,
Et frappe au cou son vainqueur bienfaisant;
Mais une maille en cet endroit entière,
Fit émousser la pointe meurtrière.
Dunois alors cria, tu veux mourir,
Meurs scélerat! & sans plus discourir
Il vous lui plonge avec peu de scrupule,
Son fer sanglant devers la clavicule.
Chandos mourant, se débattant en vain
Disait encor tout bas *fils de putain!*
Son cœur altier, inhumain, sanguinaire
Jusques au bout garda son caractère,
Ses yeux, son front d'une sombre horreur;
Son geste encor ménaçait son vainqueur,
Son ame impie, infléxible, implacable
Dans les Enfers alla braver le Diable.
Ainsi finit comme il avait vécu
Ce dur Anglais par un Français vaincu.
Le beau Dunois ne prit point sa dépouille,
Il dédaignait ces usages honteux
Trop établis chez les Grecs trop fameux.
Tout occupé de son cher la Trimouille,
Il le ramène, & deux fois son secours
De Dorothé ainsi sauva les jours.
Dans le chemin elle soutient encore
Son tendre amant qui de ses mains pressé,
Semble revivre & n'être plus blessé
Que de l'éclat de ces yeux qu'il adore;
Il les regarde & reprend sa vigueur.
Sa belle amante au sein de la douleur;
Sentit alors le doux plaisir renaître,
Les agrémens d'un sourire enchanteur
Parmi ses pleurs commençaient à paraître.
Ainsi qu'on voit un nuage éclairé

Des

Des doux raïons d'un Soleil temperé.
Le Roi Gaulois, sa maîtresse charmante,
L'illustre Jeanne embrassent tour à tour
L'heureux Dunois, dont la main triomphante
Avait vangé son pays & l'amour.
On admirait surtout sa modestie,
Dans son maintien, dans chaque repartie,
Il est aisé, mais il est beau pourtant
D'être modeste alors que l'on est grand.
Jeanne étouffait un peu de jalousie,
Son cœur tout bas se plaignait du destin.
Il lui fachait que sa pucelle main
Du mécréant n'eût pas tranché la vie:
Se souvenant toujours du double affront,
Qui vers Cutendre a fait rougir son front,
Quand par Chandos au combat provoquée
Elle se vit abattue & manquée.

LIVRE TREIZIEME.

Grand repas à l'hotel de Ville d'Orléans suivi d'un assaut général. Charles attaque les Anglais. Ce qui arrive à la belle Agnès, & à ses compagnons de voyage.

J'Aurais voulu dans cette belle histoire
Ecrire en or au temple de Mémoire,
Ne presenter que des faits éclatans,
Et couronner mon Roi dans Orléans
Par la Pucelle, & l'amour, & la gloire.
Il est bien dur d'avoir perdu mon temps
A vous parler de Cutendre, & d'un Page,

De

De Grisbourdon, de ſa lubrique rage,
D'un muletier & de tant d'accidens
Qui font grand tort au fil de mon ouvrage.
Mais vous ſavez que ces événemens
Furent écrits autrefois par un ſage;
Je le copie & n'ai rien inventé;
Dans ces détails ſi mon lecteur s'enfonce,
Si quelquefois ſa dure gravité
Juge mon ſage avec ſévérité,
A certains traits ſi le ſourcil lui fronce,
Il peut, s'il veut, paſſer ſa pierre ponce
Sur la moitié de ce livre enchanté;
Mais qu'il reſpecte au moins la vérité.
O vérité, Vierge pure & ſacrée,
Quand ſeras tu dignement reverée?
Divinité qui ſeule nous inſtruits,
Pourquoi mets tu ton palais dans un puits?
Du fonds du puits quand ſeras tu tirée?
Quand verrons nous nos doctes écrivains
Exempts de fiel, libres de flatterie
Fidélement nous aprendre la vie,
Les grands exploits de nos beaux Paladins?
Oh qu'Arioſte étala de prudence
Quand il cita l'Archevêque Turpin!
Ce témoignage à ſon livre divin
De tout lecteur attire la croyance.
Tout inquiet encor de ſon deſtin
Vers Orléans Charle était en chemin,
Environné de ſa troupe dorée,
Et demandant à Dunois des conſeils
Ainſi que font tous les Rois ſes pareils,
Dans le malheur dociles & traitables,
Dans la fortune un peu moins praticables.
Charle croyait qu'Agnès & Bonifoux
Suivaient de loin, Plein d'un eſpoir ſi doux

L'a-

L'amant Royal souvent tourne la tête
Pour voir Agnès, & regarde, & s'arrête;
Et quand Dunois préparant ses succès
Nomme *Orléans* le Roi lui nomme *Agnès.*
L'heureux bâtard dont l'active prudence
Ne s'occupait que du bien de la France,
Le jour baissant découvre un petit Fort
Que négligeait le fier Duc de Betfort.
Ce Fort touchait à la ville investie:
Dunois le prend, le Roi s'y fortifie.
Des assiégeans c'étaient les magazins.
Le Dieu sanglant qui donne la victoire,
Le Dieu jouflu qui préside aux festins,
D'emplir ces lieux se disputaient la gloire
L'un de canons, & l'autre de bon vins:
Tout l'appareil de la guerre effroyable,
Tous les apprêts des plaisirs de la table
Se rencontraient dans ce petit château:
Quels vrais succès pour Dunois & Bonneau!
Tout Orléans à ces grandes nouvelles
Rendit à DIEU des graces solemnelles.
Un *Te Deum* en faux bourdon chanté,
Devant les clefs de la noble cité,
Un long dîner où le Juge & le Maire,
Chanoine, Evêque, & Guerrier invité
Le verre en main tombèrent tous par terre,
Un feu sur l'eau dont les brillants éclairs
Dans la nuit sombre illuminent les airs,
Les cris du peuple & le canon qui gronde
Avec fracas annoncèrent au monde
Que le Roi Charle à ses sujets rendu
Va retrouver tout ce qu'il a perdu.
Ces chants de gloire & ces bruits d'allegresse
Furent suivis par des cris de détresse.
On n'entend plus que le nom de Betfort,

Alerte, aux murs, à la brêche, à la mort.
L'Anglais usait de ces moments propices
Où nos bourgeois en vuidant les flaccons
Louaient leur Prince, & dansaient aux chansons.
Sous une porte on plaça deux saucisses,
Non de boudin, non telles que Bonneau
En inventa pour un ragoût nouveau;
Mais saucissons dont la poudre fatale
Se dilatant, s'enflant avec éclair,
Renverse tout, confond la terre & l'air,
Machine affreuse, homicide, infernale
Qui contenait dans son ventre de fer
Ce feu pétri des mains de Lucifer.
Par une mêche artistement posée
En un moment la miniére embrasée,
S'étend, s'élève, & porte à mille pas
Bois, gonds, battants & ferrure en éclats.
Le grand Talbot entre & se précipite.
Fureur, succès, gloire, amour, tout l'excite
Depuis longtems il brulait en secret
Pour la moitié du Président Louvet.

Ce beau Breton, cet enfant de la guerre,
Conduit sous lui les braves d'Angleterre.
Allons, dit-il, genereux conquerans
Portons par tout & le fer & les flammes,
Buvons le vin des poltrons d'Orléans,
Prenons leur or, baisons toutes leurs femmes.
Jamais César dont les traits éloquens
Portaient l'audace & l'honneur dans les ames
Ne parla mieux à ses fiers combattans,

Sur ce terrain que la porte enflammée
Couvre en sautant d'une epaisse fumée,
Est un rempart que la Hire & Poton
Ont elevé de pierre & de gazon.
Un parapet garni d'artillerie,

Peu

Peut repouſſer la premiére furie,
Les premiers coups du terrible Betfort,
Poton, la Hire y paraiſſent d'abord.
Un peuple entier derrière eux s'evertue,
Le canon gronde, & l'horrible mot, tue
Eſt repeté quand les bouches d'Enfer
Sont en ſilence & ne troublent plus l'air.
Vers le rempart les échelles dreſſées
Portent déja cent cohortes preſſées,
Et le ſoldat le pié ſur l'echelon,
Le fer en main pouſſe ſon compagnon.
Dans ce péril, ni Poton ni la Hire
N'ont oublié leur eſprit qu'on admire.
Avec prudence ils avaient tout prévu,
Avec adreſſe à tout ils ont pourvu.
L'huile bouillante & la poix embraſée,
D'épieux pointus une forêt croiſée,
De larges faulx, que leur tranchant effort
Fait reſſembler à la faulx de la mort,
Et des mouſquets qui lancent les tempêtes
De plomb volant ſur les Bretonnes têtes,
Tout ce que l'art & la néceſſité,
Et le malheur & l'intrépidité,
Et la peur même ont pu metre en uſage,
Eſt employé dans ce jour de carnage.
Que de Bretons bouillis, coupés, percés,
Mourants en foule & par rangs entaſſés!
Ainſi qu'on voit ſous cent mains diligentes
Tomber l'épi des moiſſons jauniſſantes.
Mais cet aſſaut fiérement ſe maintient;
Plus il en tombe, & plus il en revient.
De l'hydre affreux les têtes menaçantes
Tombant à terre, & toujours renaiſſantes
Epouvantaient le fils de Jupiter;
Ainſi l'Anglais dans les feux, ſous le fer,

Après

Après ſa chute encor plus formidable,
Brave en montant le nombre qui l'accable,
Tu t'avançais ſur ces remparts ſanglans
Fier Richemont, digne eſpoir d'Orléans.
Cinq cent Burgeois, gens de cœur & d'élite
En chancelant marchent ſous ſa conduite,
Enluminés du gros vin qu'ils ont bû;
Sa ſéve encor animait leur vertu.
Et Richemont criait d'une voix forte,
Pauvres Bourgeois, vous n'avez plus de porte,
Mais vous m'avez, il ſuffit, combattons.
Il dit, & vole au milieu des Bretons.
Déja Talbot s'était fait un paſſage
Au haut du mur, & déja dans ſa rage
D'un bras terrible il porte le trépas,
Il fait de l'autre avancer ſes ſoldats;
Il s'établit ſur ce dernier azile
Qui te reſtait, ô malheureuſe ville!
Charle en ſon Fort triſtement retiré,
D'autres Anglais par malheur entouré,
Ne peut marcher vers la ville attaquée;
D'accablement ſon ame eſt ſuffoquée.
Quoi! diſſait-il, ne pouvoir ſécourir
Mes chers ſujets que mon œuil voit périr?
Ils ont chanté le retour de leur Maître.
J'allais entrer, & combattre, & peut-être
Les délivrer des Anglais inhumains.
Le ſort cruel enchaîne ici mes mains. . . .
Non, lui dit Jeanne, il eſt tems de paraître,
Venez, mettez en ſignalant vos coups
Ces durs Bretons entre Orléans & vous.
Marchez, mon Prince, & vous ſauvez la ville;
Nous ſommes peu, mais vous en valez mille.
Charle lui dit; quoi! vous ſavez flatter!
Je vaux bien peu, mais je vais mériter,

Et

Et vôtre estime, & celle de la France;
Et des Anglais. Il dit, pique, & s'avance,
Devant ses pas l'Oriflamme est porté,
Jeanne & Dunois volent à son côté.
Il est suivi de ses gens d'ordonnance,
Et l'on entend à travers mille cris,
Vive le Roi, Mont-joye & Saint Denis.
Charle, Dunois, & la Baroise altiére
Sur les Bretons s'élancent par derrière:
Tels que des monts qui tiennent dans leur sein
Les reservoirs du Danube & du Rhin,
L'aigle superbe aux aîles étenduës
Aux yeux perçants, aux huit griffes pointuës,
Planant dans l'air, tombe sur des faucons
Qui s'acharnaient sur le cou des hérons.
L'Anglais surpris croyant voir une armée,
Descend soudain de la ville allarmée;
Tous les Bourgeois devenus valeureux
Les voyant fuïr descendent après eux.
Charle plus loin entouré de carnage
Jusqu'à leur camp se fait un beau passage.
Les assiégeans à leur tour assiégés,
En tête, en queue, assaillis, égorgés,
Tombent en foule au bord de leurs tranchées
D'armes, de morts, & de mourants jonchées,
Et de leurs corps ils faisaient un rempart.
Dans cette horrible & sanglante mêlée,
Le Roi disait à Dunois, cher bâtard,
Dis-moi de grace, où donc est-elle allée?
Qui? dit Dunois; le bon Roi lui repart,
Ne sais-tu pas ce qu'elle est devenuë?
Qui, donc? hélas elle était disparuë
Hier au soir avant qu'un heureux sort
Nous eût conduits au château de Betford,
Et dans la place on est entré sans elle.

G Nous

Nous la trouverons bien, dit la Pucelle.
Ciel ! dit le Roi, qu'elle me soit fidèle;
Gardez-la moi. Pendant ce beau discours
Il avançait, & combattait toujours.
Oh, que ne puis-je en grands vers magnifique
Ecrire au long tant de faits héroïques !
Homère seul a le droit de conter
Tous les exploits, toutes les avantures,
De les étendre & de les répeter,
De supputer les coups & les blessures,
Et d'ajouter au grand combat d'Hector,
De grands combats, & des combats encor
C'est-là sans doute un sûr moyen de plaire.
Mais je ne puis me résoudre à vous taire
D'autres dangers dont le destin cruel
Circonvenait la belle Agnès Sorel,
Quand son amant s'avançait vers la gloire.
Dans le chemin sur les rives de Loire,
Elle entretient le pére Bonifoux,
Qui toujours sage, insinuant & doux,
Du tentateur lui contait quelque histoire
Divertissante, & sans reflexions,
Sous l'agrément déguisant ses leçons.
A quelques pas la Trimouille & sa Dame
S'entretenaient de leur fidèle flamme,
Et du dessein de vivre ensemble un jour
Dans leur château, tout entiers à l'amour.
Dans ce chemin, la main de la nature
Tend sous leurs pieds un tapis de verdure,
Velours uni, semblable au pré fameux
Où s'exerçait la rapide Atalante ;
Sur le duvet de cette herbe naissante
Agnès aproche, & chemine avec eux,
Le Confesseur suivit la belle errante;
Tous quatre allaient, tenant de beaux discour

D

De pieté, de combats, & d'amours.
Sur les Anglais, sur le Diable on raisonne.
En raisonnant on ne vit plus personne.
Chacun fondait doucement, doucement,
Homme & cheval sous le terrain mouvant,
D'abord les pieds, puis le corps, puis la tête,
Tout disparut, ainsi qu'à cette fête
Qu'en un Palais d'un savant Cardinal,
Trois fois au moins par semaine on aprête,
A l'opera souvent joué si mal,
Plus d'un Héros à nos regards échape,
Et dans l'Enfer descend par une trape.
Monrose vit du rivage prochain
La belle Agnès, & fut tenté soudain
De venir rendre à l'objet qu'il observe,
Tout le respect que son ame conserve.
Il passe un pont; il resta tout confus,
Quand la voyant, son œuil ne la vit plus.
Froid comme marbre, & blême comme gipse,
Il veut marcher, mais lui-même il s'éclipse.
Paul Tirconel qui de loin l'aperçut,
A son sécours à grand galop courut.
En arrivant sur la place funeste
Paul Tirconel y fond avec le reste:
Ils tombent tous dans un grand souterrain
Qui conduisait aux portes d'un Jardin,
Tel que n'en eut jamais le quatorziéme
De ces Louis, ayeul d'un Roi qu'on aime;
Et le Jardin conduisait au Chateau
Digne en tout sens de ce Jardin si beau.
C'était ...., mon cœur à ce seul nom soupire,
De Conculix le formidable Empire.
O Dorothée, Agnès, & Bonifoux
Qu'allez-vous faire, & que deviendrez-vous?

LIVRE QUATORZIÉME.

Comment Jeanne tomba dans une étrange tentation, & comment Agnès & Dorothée furent enfermées dans le Château de Conculix &c.

QUe la vengeance est une passion
Funeste au monde, affreuse, impitoyable!
C'est un tourment, c'est une obsession,
Et c'est aussi le partage du Diable.
Le gros damné de Pére Grisbourdon,
Terrible encor au fonds de sa chaudière,
En blasphémant cherchait l'occasion
De se vanger de la Pucelle altière,
Par qui là haut d'un coup d'estramaçon
Son chef tondu fut privé de son tronc.
Il s'écriait à Belzébuth; mon pére,
Ne pourais-tu dans quelque gros péché
Faire tomber cette Jeanne sévère?
J'y crois, pour moi, ton honneur attaché.
Il ne faut pas beaucoup de réthorique
Pour engager le tentateur antique
A travailler de son premier métier.
De tout méchef ce maudit ouvrier,
Courut bien vîte observer sur la terre
Ce que faisaient ses amis d'Angleterre,
En quel état & de corps & d'esprit
Se trouvait Jeanne après le grand conflict.
Charle, Dunois, & la grosse Amazone
Lassés tous trois des travaux de Bellone

Etaient

Etaient enfin revenus dans leur Fort,
En attendant quelque nouveau renfort.
Des assiégés la bréche réparée
Aux assaillants ne permet plus d'entrée.
Des ennemis la troupe est retirée.
Les Citoyens, le Roi Charle & Betford,
Chacun chez soi soupe en hâte & s'endort.
 Muses, tremblez de l'étrange avanture
Qu'il faut apprendre à la race future;
Et vous, Lecteurs, en qui le Ciel a mis
Les sages goûts d'une tendresse pure,
Remerciez-le & Dunois & Denis,
Qu'un grand péché n'ait pas été commis.
 Il vous souvient que je vous ai promis
De vous donner des mémoires fidèles
De ce baudet possesseur de deux aîles:
La nuit des tems cache encor aux humains
De l'âne aîlé quels étaient les desseins,
Quand il avait sur ses aîles dorées
Porté Dunois aux Lombardes contrées.
De ce Héros cet âne était jaloux.
Plus d'une fois en portant la Pucelle,
Au fonds du cœur il sentit l'étincelle
De ce beau feu plus vif encor que doux,
Ame, ressort, & principe des mondes,
Qui dans les airs, dans les bois, dans les ondes
Produit les corps & les anime tous.
Ce feu sacré dont il nous reste encore
Quelques rayons dans ce monde épuisé,
Fut pris au Ciel pour animer Pandore.
Depuis ce tems le flambeau s'est usé.
Tout est flétri; la force languissante
De la nature en nos malheureux jours,
Ne produit plus que d'imparfaits amours.
S'il est encor une flamme agissante,

Un germe heureux des principes divins,
Ne cherchez pas chez Vénus, Uranie,
Ne cherchez pas chez les faibles humains,
Adressez-vous aux Héros d'Arcadie ;
Beaux céladons, que des objets vainqueurs
Ont enchainés par des liens de fleurs ;
Tendres amants en cuirasse, en soutane,
Prélats, Abbés, Colonels, Conseillers,
Gens du bel air, & même Cordeliers,
En fait d'amour défiez vous d'un âne.
Chez les Latins le fameux âne d'or,
Si renommé par sa métamorphose,
De celui-ci n'aprochait pas encor,
Il n'était qu'homme, & c'est bien peu chose.
La grosse Jeanne au visage vermeil
Qu'ont rafraichi les pavots du sommeil,
Entre ses draps doucement recueillie,
Se rappelait les destins de sa vie.
De tant d'exploits son jeune cœur flatté,
A Saint Denis n'en donna pas la gloire ;
Elle conçut un grain de vanité.
Denis fâché, comme on peut bien le croire,
Pour la punir laissa quelques moments
Sa protégée au pouvoir de ses sens.
Denis voulut que sa Jeanne qu'il aime,
Connût enfin ce qu'on est par soi-même ;
Et qu'une femme en toute occasion,
Pour se conduire a besoin d'un patron.
Elle fut prête à devenir la proye
D'un piège affreux que tendit le Démon.
On va bien loin sitôt qu'on se fourvoye.
Le tentateur qui ne néglige rien
Prenait son tems ; il le prend toujours bien.
Il est partout : il entra par addresse
Au corps de l'âne, il forma son esprit,

De

De sa voix rauque adoucit la rudesse,
Et l'instruisit aux finesses de l'Art
Approfondi par Ovide & Bernard.
L'âne éclairé surmonta toute honte;
De l'écurie adroitement il monte
Au pied du lit, où dans un doux repos
Jeanne en son cœur repassait ses travaux:
Puis doucement s'accroupissant près d'elle,
Il la loua d'effacer les Heros,
D'être invincible, & surtout d'être belle.
Ainsi jadis le serpent seducteur,
Quand il voulut subjuguer notre mere,
Lui fit d'abord un compliment flatteur.
L'art de loüer commença l'art de plaire.
Où suis-je, ô Ciel! s'écria Jeanne d'Arc.
Qu'ai-je entendu? par St. Luc par St. Marc,
Est-ce mon âne, ô merveille! ô prodige!
Mon âne parle, & même il parle bien.
L'âne à genoux composant son maintien;
Lui dit: ô d'Arc, ce n'est point un prestige,
J'avais parlé deux fois à Balaam.
Voïez en moi l'âne de Canaan.
Le juste Ciel recompensa mon zèle.
Au vieil Enoc bientôt on me donna;
Enoc avait une vie immortelle;
J'en eus autant; & le maître ordonna
Que le ciseau de la parque cruelle
Respecterait le fil de mes beaux ans.
Je jouïs donc d'un éternel printems.
De notre pré le maître débonnaire
Me permit tout, hors un cas seulement;
Il m'ordonna de vivre chastement;
C'est pour un âne une terrible affaire.
Jeune & sans frein dans ce charmant séjour,
Maître de tout, j'avais droit de tout faire.

Le jour, la nuit, tout excepté l'amour.
J'obéis mieux que votre premier homme
Qui perdit tout pour manger une pomme.
Je fus vainqueur de mon tempérament;
La chair se tut; je n'eus point de faiblesses;
Je vécus vierge; or savez-vous comment?
Dans le pays il n'était point d'anesses.
Je vis couler content de mon état
Plus de mille ans dans ce doux célibat.
Lorsque Bacchus vint du fonds de la Gréce
Porter le Tirse, & la gloire & l'ivresse
Dans les pays par le Gange arrosés,
A ce Héros je servis de trompette;
Les Indiens par nous civilisés
Chantent encor ma gloire & leur défaitte.
Silène & moi nous sommes plus connus
Que tous les grands qui suivirent Bachus.
C'est mon nom seul, ma vertu signalée
Qui fit depuis tout l'honneur d'Apulée.
Enfin là haut dans ces plaines d'Azur,
Lorsque Saint George à vos Français si dur,
Ce fier Saint George aimant toujours la guerre,
Voulut avoir un coursier d'Angleterre,
Quand Saint Martin fameux par son Manteau
Obtint encor un cheval assez beau,
Monsieur Denis qui fait comme eux figure
Voulut comme eux avoir une monture;
Il me choisit, près de lui m'apela.
Il me fit don de deux brillantes aîles.
Je pris mon vol aux voutes éternelles:
D'étrilles d'or mon maître m'étrilla;
Je fus nourri de Nectar, d'Ambrosie.
Mais ô ma Jeanne! une si belle vie
N'aproche pas du plaisir que je sens,
Au doux aspect de vos charmes puissants.
L'ai-

L'aigle, le bœuf, & George & Denis même,
Ne valent pas vôtre beauté suprême.
Croyez surtout que de tous les emplois,
Où m'éleva mon étoile bénigne,
Le plus heureux, le plus selon ma choix,
Et dont je suis peut-être le plus digne,
Est de servir sous vos augustes loix.
Quand j'ai quitté le Ciel & l'Empirée
J'ai vû par vous ma fortune honorée.
Non, je n'ai pas abandonné les Cieux,
J'y suis encor; le Ciel est dans vos yeux.
Jeanne reçut cet aveu téméraire
Avec surprise autant qu'avec colère;
Et cependant son grand cœur en secret
Etait flaté de l'étonnant effet
Que produisait sa beauté singulière
Sur le sens lourd d'une ame si grossière:
Vers son Amant elle avança la main,
Sans y songer, puis la tira soudain.
Elle rougit, s'éffraye & se condamne;
Puis se rassure, & puis se dit: bel âne,
Vous concevez un chimérique espoir;
Respectez plus ma gloire, & mon devoir:
Trop de distance est entre nos espèces;
Non, je ne puis approuver vos tendresses;
Gardez-vous bien de me pousser à bout.
L'âne reprit; l'amour égale tout.
Songez au cigne à qui Leda fit fête
Sans cesser d'être une personne honnête;
Connaissez vous la fille de Minos
Pour un Taureau négligeant des Héros,
Et soupirant pour son beau quadrupède:
Sachez qu'un aîgle enleva Ganimède,
Et que Phillire avait favorisé
Le Dieu des mers en cheval déguisé.

Il poursuivait son discours, & le Diable,
Premier auteur des écrits de la Fable,
Lui fournissait ces exemples frapans;
Et mettait l'âne au rang de nos savans.
Tandis qu'il parle avec tant d'impudence,
Le grand Dunois qui près de là couchait,
Prêtait l'oreille, était tout stupefait
Des traits hardis d'une telle éloquence.
Il voulut voir le Héros qui parlait,
Et quel rival l'amour lui suscitait.
Il entre, il voit; ô prodige! ô merveille!
Le possedé porteur de longue oreille,
Et ne crut pas encore ce qu'il voyait.
De Débora la lance redoutable
Etait chez Jeanne auprès de son chevet;
Il la saisit; la puissance du Diable
Ne tint jamais contre ce fer divin.
Le grand Dunois poursuit l'Esprit malin;
Belzebuth tremble, & prompt à disparaître
Emporte l'âne à travers la fenêtre.
Il le conduit par le chemin des airs,
Dans ce Château fatal à l'innocence,
Où Conculix tenait en sa puissance
La belle Agnès, & les Héros divers,
Anglais, Français qui tombés dans le piége
Sont prisonniers en ce lieu sacrilège.
Ce Conculix depuis le jour cruel
Où le bâtard & la pucelle altière
L'ayant couvert d'un affront éternel
De son palais ont forcé la barriére,
Se gardait bien de donner des soupés
Aux Chevaliers dans ses lacs attrapés.
Il les traitait avec rude maniére,
Et les tenait dans le fonds d'un caveau.
Son Chancelier s'en vint en long manteau,

Signi-

Signifier à la troupe éplorée
De Conculix la volonté sacrée :
Vous jeûnerez & vous boirez de l'eau,
Serez fessés une fois la semaine,
Jusqu'au moment que quelqu'une ou quelqu'un
En remplissant un devoir peu commun,
Poura sauver vôtre demi douzaine.
Tachez d'aimer ; il faut qu'un de vous six
Du fond du cœur brûle pour Conculix,
Il veut qu'on l'aime ; il en vaut bien la peine.
Si nul de vous ne peut y réussir,
Soyez fessés ; car tel est son plaisir.
Il s'en retourne après cette sentence.
Les prisonniers restent en conférence.
Mais qui voudra se dévouer pour tous ?
Agnès disait, pourais je en conscience
Du Dieu d'amour sentir ici les coups ?
Le don d'aimer ne dépend pas de nous ;
Et je serai fidèle au Roi de France.
Parlant ainsi, ses regards affligés
Lorgnent Monrose, & de pleurs sont chargés.
Monrose dit, pour moi j'aime une belle
Que pour des Dieux je ne saurais quitter ;
Cent Conculix ne peuvent me tenter ;
Et je voudrais être fessé pour elle.
Je voudrais l'être aussi pour mon amant,
Dit Dorothée ; il n'est point de tourment
Que de l'amour le charme n'adoucisse.
Quand on est deux, est-il quelque suplice ?
Son la Trimouille à ce discours charmant
Tombe à ses pieds, & s'abandonne en proye
A des douleurs qu'allége un peu de joye.
Le Confesseur ayant toussé deux fois,
Leur dit ; Messieurs, j'étais jeune autrefois,
Ce tems n'est plus, & les rides de l'âge

Ont

Ont silonné la peau de mon visage.
Que puis-je, hélas ? Je suis par mon emploi
Bénedictin & confesseur du Roy.
Je ne saurais vous tirer d'esclavage.
Paul Tirconel qu'anime un fier courage,
Se leve, & dit; eh bien, ce sera moi.
A ces trois mots dis avec assurance,
Les prisonniers reprirent l'espérance;
Et Conculix le lendemain matin
Etant pourvu du sexe féminin;
Paul écrivit une lettre fort tendre
Qu'au Chancelier la Geoliére alla rendre;
Paul y joignit un petit Madrigal
D'un goût tout neuf, & fort original.

LIVRE QUINZIEME.

La Présidente Louvet devient folle d'amour pour le Sire Talbot, & le fait entrer dans Orléans. Danger du Roi. Punition de Conculix.

Mon cher Lecteur sait par expérience,
Que ce beau Dieu qu'on nous peint dans l'enfance,
Et dont les jeux ne sont pas jeux d'enfans,
A deux carquois tout-à fait différents.
L'un a des traits dont la douce piqûre
Se fait sentir sans danger, sans douleur,
Croît par le tems, pénétre au fonds du cœur,
Et vous y laisse une vive blessure,

Les

Les autres traits font un feu dévorant,
Dont le coup part & brule au même inftant,
Dans les cinq fens ils portent le ravage;
Un rouge vif allume le vifage,
D'un nouvel être on fe croit animé,
D'un nouveau fang le corps eft enflammé;
On n'entend rien; le regard étincelle.
L'eau fur le feu bouillonnant à grand bruit,
Qui fur fes bords s'élève, échape, & fuit,
N'eft qu'une image imparfaite, infidèle,
De ces défirs dont l'excès vous pourfuit.
Songez, Lecteurs, que ces fatales flammes
Brûlent vos corps & hazardent vos ames.
Vous avertir eft mon premier devoir,
Et le fecond eft de faire favoir
Comment Denis punit l'âne infidèle,
Par qui Satan fit rougir la Pucelle;
Quel avantage en prit le beau Dunois:
Il faut chanter leurs feux, & leurs exploits;
Je dois conter quelle terrible fuite
De Conculix eut l'infame conduite;
Ce que devint l'éfronté Tirconnel,
Et quel fécours étrange & falutaire
Sut procurer notre Reverend Pére
A Dorothée, à la douce Sorel,
Et par quel art il les tira d'affaire.
Mais avant tout, le fiége d'Orléans
Eft le grand point qui tous nous intéreffe.
O Dieu d'amour, ô puiffance, ô faibleffe,
Amour fatal! tu fus prêt de livrer
Aux ennemis ce rempart de la France.
Ce que l'Anglais n'ofait plus efpérer,
Ce que Betfort & fon expérience,
Ce que Talbot & fa rare vaillance
Ne purent faire, amour, tu l'entrepris:

Tu fais nos maux, cher enfant, & tu ris.
En te jouant dans la triste contrée
Où cent Héros combattent pour deux Rois;
Ta douce main blessa depuis deux mois
Le grand Talbot d'une flèche dorée,
Que tu tiras de ton premier carquois.
C'était avant ce siége mémorable,
Dans un trêve; hélas! trop peu durable.
Il conféra, soupa paisiblement
Avec Louvet ce grave Président,
Lequel Louvet eut la gloire imprudente
De faire aussi souper la Présidente.
Madame était un peu collet monté,
L'amour se plut à dompter sa fierté,
Il hait l'air prude, & souvent l'humilie,
Il dérangea sa noble gravité,
Par un des traits qui font de la folie.
La Présidente en cette occasion
Gagna Talbot & perdit la raison.
Vous avez vu la fatale escalade,
L'assaut sanglant, l'horrible canonade,
Tous ces combats, tous ces hardis efforts,
Au haut des murs, en dedans, en dehors,
Lorsque Talbot & ces fiéres cohortes
Avaient brisé les remparts & les portes,
Et que sur eux tombaient du haut des toits
Le fer, la flamme, & la mort à la fois:
L'ardent Talbot avait d'un pas agile
Sur des mourants pénétré dans la ville,
Renversant tout, criant à haute voix,
Anglais entrez; bas les armes, Bourgeois;
Il ressemblait au grand Dieu de la guerre,
Qui sous ses pas fait retentir la terre,
Quand la discorde, & Bellone, & le sort
Arment son bras ministre de la mort.

La

La Présidente avait une ouverture
Dans son logis auprès d'une mazure,
Et par ce trou contemplait son amant,
Ce casque d'or, ce pannache ondoyant,
Ce bras aimé; ces vives étincelles
Qui s'élançaient du rond de ses prunelles
Ce port altier, cet air d'un demi-dieu:
La Présidente en était tout en feu,
Hors de ses sens, de honte dépouillée.
Telle autrefois d'une loge grillée,
Une beauté dont l'amour prit le cœur,
Lorgnait Baron cet immortel Acteur,
D'un œuil ardent dévorait sa figure,
Son beau maintien, ses gestes, sa parure,
Mêlait tout bas sa voix à ses accents,
Et recevait l'amour par tous les sens.
N'en pouvant plus, la belle Présidente
Dans son accès dit à sa confidente,
Cours, ma Suzon; Vole, va le trouver
Dis-lui, dis-lui, qu'il vienne m'enlever.
Si tu ne peux lui parler, fais lui dire,
Qu'il ait pitié de mon tendre martire;
Et que s'il est un digne Chevalier,
Je veux souper ce soir dans son quartier.
La confidente envoye un jeune Page;
C'était son frére; il fait bien son message;
Et sans tarder six estaffiers hardis
Vont chez Louvet, & forcent le logis.
On entre; on voit une femme masquée,
Et mouchetée, & peinte, & requinquée
Le front garni de cheveux vrais ou faux
Montés en arc & tournés en anneaux.
On vous l'enléve; on la fait disparaître
Par les chemins dont Talbot est le maître.
Ce beau Talbot ayant dans ce grand jour

Tan[illegible]

Tant répandu, tant essuyé d'allarmes,
Voulut le soir dans les bras de l'amour
Se consoler du malheur de ses armes.
Tout vrai Héros, ou vainqueur, ou battu,
Quand il le peut, soupe avec sa maîtresse.
Sire Talbot qui n'est point abattu,
Attend chez lui l'objet de sa tendresse.
Tout était prêt pour un souper exquis,
De gros flacons à panse cizelée
Ont rafraichi dans la glace pilée,
Ce jus brillant, ces liquides rubis
Que tient Citaux dans ses cavaux bénis.
A l'autre bout de la superbe Tente,
Est un sopha d'une forme élégante,
Bas, large, mou, très proprement orné,
A deux chevets, à dossier contourné,
Où deux amis peuvent tenir à l'aise.
Sire Talbot vivait à la Française.
Son premier soin fut de faire chercher
Le tendre objet qui l'avait sçu toucher.
Tout ce qu'il voit, parle de son amante,
Il la demande, on vient, on lui présente
Un monstre gris en pompons enfantins,
Haut de trois pieds en comptant ses patins,
D'un rouge vif ses paupiéres bordées
Sont d'un suc jaune en tout tems inondées,
Un large nez au bout torse, & crochu
Semble couvrir un long menton fourchu.
Talbot crut voir la maîtresse du Diable,
Il jette un cri qui fait trembler la table.
C'était la sœur du gros Monsieur Louvet,
Qu'en son logis sa garde avait trouvée,
Et qui de gloire & de plaisir crevait,
Se pavanant de se voir enlevée:
La Présidente en proye à la douleur

D'avoir

D'avoir manqué son illustre entreprise,
Se desolait de la triste méprise;
Et jamais sœur n'a plus maudit sa sœur.
L'amour déja troublait sa fantaisie,
Ce fut bien pis lorsque la jalousie
Dans son cerveau porta de nouvaux traits;
Elle devint plus folle que jamais.

CÆTERA DESUNT.

Je vous achèverai le reste une autre fois.
Corneille, Rodogune, A. 1. S. 1.

Car qui voudroit du tout ce grand tableau remplir
Pinceaux, huile et couleurs viendroient à défaillir.
Conrat, Sat. 2, p. 146, 1621.

Extrait des Poesies chrestiennes de l'abbé COLIN. Paris, Pierre Le Petit, 1668.

pages 106-107.

La loi ne raisonne point, elle commande. La poesie suppose, et ne prouve rien: c'est assez pour elle d'un *poco d'attacatura*. Le poete ne doit donc pas se mettre en peine de justifier ce qui est écrit dans la vie de Saint Denys, que le jour de la Passion, par la défaillance de la nature, il jugea des souffrances de son auteur. Je fais allusion à cette *histoire* dans l'Ode que je consacre ici à la gloire du *premier evesque d'Athenes*, sur l'exacte et fidelle traduction de ses oeuvres par le reverendissime *pere Goulu*. . . . . J'ai cru aussi ne hazarder rien pour dire que la Nature est un merveilleux orateur, comme on dit tous les jours que la nature est un grand maistre. *Ces masculins s'appliquent elegamment aux femmes*, et toute la France parle ainsi. Elle dit que la verité est garant de l'innocence; que l'eglise est juge des controverses de la foi. Le poete a dit, qu'une dame fut le chef de l'entreprise,

Dux femina facti.

Cependant quoique je croie que le scrupule est mal fondé, et que c'est une fausse delicatesse, j'attendrai des vrais juges de la langue la décision de ces doutes que l'on m'a fait sur la règle du bon usage.

Extrait du livre intitulé : *attribué à Diderot.*

La berlue, page 25. 1759.

Fanus aujourd'hui dans les chaires et demain dans les lieux de débauche, jeûne et pèche tour à tour. La pénitence est une fièvre quarte qui le saisit tous les trois jours. Il pleure aux pieds de sa maîtresse, comme il pleurait hier aux pieds de la croix. Il lit la Pucelle d'Orléans d'un aussi bon cœur qu'il récitait tout à l'heure son psautier. Fanus ne [illegible] point de faire d'amours, il sert Dieu et le diable par semestre. /

La Pucelle d'Orléans, ouvrage bâtard, que personne n'ose avouer ; le père est un vieux maquereau qui sacrifie sa fille à tout ce que le libertinage a de plus impie et de plus grossier, et qui la rend assez impertinente et assez téméraire pour turlupiner les monarques et leurs Etats. Cf. la berlue, p. 75.

La Pucelle, parlant de Voltaire.

Oui, l'ingrat, le croyant (le demon) a douté de
ma foi ; . .
Pour feint, et pour profane, il a pris mon
envoi ;
Il a pris pour l'effet d'un lasche sortilège,
La valeur que du ciel je tiens en privilège ;
Et le françois vainqueur a pensé de mes faits,
Puisque l'anglois vaincu n'en a pensé jamais.
Grace pourtant au ciel, cette fureur brutale
N'a pas, en tous, esté, pour la Pucelle, égale.

Chapelain, la Pucelle, ou
la France délivrée, poëme héroïque.
Livre 9. page 391. de l'édition
in folio. Paris, 1656.

Epître du Père Grisbourdon à Voltaire, sur le poëme de la Pucelle.

Que peut-on imaginer plus vilain, que d'estre couard à l'endroit des hommes, et brave à l'endroit de Dieu ?
Montaigne L. 2. ch. 18.

Il souhaite en son cueur immunde
Se venger de Dieu et du monde.
Roman de la Rose, v. 272.

. . . .

. . . .

Qu'il fasse parade en tout lieu
De ce grand et ferme courage
Dont sans cesse il est en sa rage,
Sifler Moïse et Saint Matthieu;
Car quoique poltron de nature,
Il est fort brave contre Dieu.

. . . .

. . . .

D'un brevet de la Calotte
pour Voltaire, par Roi.
1732. ms.

N.ª *La feuille nécessaire*, contenant divers détails sur les Sciences, les lettres et les arts; page 31. 1759. attribue *l'Epître* du P. Grisbourdon, à *Junquières*, auteur de l'Élève de minerve, ou Télémaque travesti. 3. vol. in-12. ouvrage facile et agréable, composé de plus de 20 mille vers de 8 syllabes. Il a été imprimé à Senlis chez des Roques. Junquières est lieutenant de la capitainerie royale des chasses de Halatte, demeurant à Senlis.

Epître du Pere Grisbourdon à M. de Voltaire, sur le Poëme de la Pucelle, 1756.

Mon cher Confrere en fine diablerie,
Féal Voltaire, élu né de l'Enfer,
Salut, honneur & joie en Lucifer,
Digne patron de notre cotterie,
Notre Seigneur, le commun Souverain.
Ces jours passés dans notre Sanhédrin
Certain Damné jeune & de haut parage,
Tout frais venu chez nous en équipage,
Genouil en terre, à Lucifer offrit
De la Pucelle un exact manuscrit.
Le noir Monarque avec un ris farouche
Qui fit sortir du charbon de sa bouche,
Comme un Pontife à ce nouveau Vassal
Faisant baiser son ergot infernal,
Prit de ses mains le Poëme Cynique
Et le remit soudain à Griffael
Greffier en chef, civil & criminel.
Pour qu'il en fit la lecture publique.
Tous les Démons s'étant mis sur les bancs,

Mirum quo procedat improbitas cordis humani, parvulo aliquo invitata successu. Plin. Nat. hist. lib. 2. cap. 23.

Esprit desmanché... hommes bien misérables et escervellés, qui taschent d'estre pires qu'il ne peut. Montaigne l. 2. ch. 12.

C'est le seul livre au monde de son espece, et d'un dessein farouche et extravagant. Montaigne l. 2. ch. 8.

Pour éviter le bruit & le désordre ;
Comme aux Etats, accroupis sur trois rangs,
Sont le Clergé, le Noble, & le Tiers-Ordre.
Dom Griffael ayant toussé trois fois,
Et craché deux, nous lut à haute voix
Les faits brillans de la coureuse Jeanne,
Et ceux d'Agnès, & ceux du divin âne,
Que dans tes Vers tu rapportes si bien,
Que hors du vice on n'est instruit de rien.
On entendit pendant cette lecture,
Un bruit confus s'élever dans les airs :
De tous côtés on chuchotte, on murmure,
Aucun Mortel, fût-ce le plus pervers,
Se disoit-on l'un à l'autre à l'oreille,
Ne peut bâtir une histoire pareille,
Et de bon cœur l'Auteur ils maudissoient.
Quelques-uns même, au vrai dire des Grimes,
Des Diabletaux peu faits à de grands crimes,
En écoutant ces rimes, rougissoient.
Mais nos Démons de Gréce & de Florence,
Nos gros bonnets & de Cloître & de Cour,
Surpris, charmés de sa rare science,
Battoient des mains, le louoient tour à tour.
Quand Griffael eut achevé de lire
Cet ordurier & détestable écrit,
Qui nous avoit de si bon cœur fait rire,

Le

Le Souverain du ténébreux empire
Ayant un peu rappellé son esprit,
Fit de sa griffe un signe de silence ;
Puis aussitôt roulant sur l'assistance
Des yeux en feu, frappa des pieds, & dit :
Fourche, ceçi passe la raillerie,
On nous a fait une friponnerie,
Mais par mon chef sur l'heure je prétends
Savoir quel est ou qui sont les faux frères
Assez hardis pour divulguer aux gens
Nos plus sacrés & plus profonds mystères :
Ne croyez pas, non, non, c'est une erreur,
Ne croyez pas que l'Auteur Sophistique
De cet écrit si fort, si séducteur,
Si digne enfin d'être de ma fabrique,
Ait pû lui seul si bien se mettre au fait
De tout le fin du vrai diabolique,
Quelque impudent qu'il puisse être en effet ;
Quoique versé dans notre politique,
Auroit-il dit ce qu'on fait en secret
Dans nos foyers & dans nos réfectoires,
S'il n'eût pas eu sur cela des Mémoires ?
Je le connois, il est si bon Chrétien
Que sur le col je lui laisse la bride,
Suivre tout seul, sans l'inspirer en rien,
L'heureux penchant qui sa belle ame guide,

Mais pour le coup, en ces Vers je vois bien
Que l'un de vous a dirigé sa plume.
Toi, Grisbourdon, parle, réponds, Frapart,
Il est souvent de toi dans ce volume
Fait mention ; n'as-tu pas par hazard
A cet Auteur révélé nos mystères ?
Non, Sire, hélas ! j'en jure par vos serres,
Lui répondis-je avec un air soumis,
Je le connois seulement par ses œuvres ;
De plus, Seigneur, à mes meilleurs amis
Point ne voudrois révéler nos manœuvres ;
Quoique Damnés nous autres gens à frocs
Sommes toujours plus fermes que des rocs
Au nœud sacré qui nous lie à notre Ordre :
Comme sur nous on ne cherche qu'à mordre,
Avec grand soin, pour de bonnes raisons,
On tient secret au stupide vulgaire
Ce qui se passe au sein de nos maisons ;
Trop de motifs m'engagent à me taire.
Tandis, hélas ! que je grille en ces lieux,
Tous nos dévots me croyent dans les Cieux.
Notre Couvent, au moyen de la quête,
Tire de quoi fort bien chommer ma fête,
Et fait de moi l'Office en faux bourdon ;
Mainte femelle a dans son Reliquaire,
Sous sa chemise, un bout de mon cordon ; *

* Voir la légende-joyeuse, 1re partie, épigramme 18. édit. hollande 1749.

Confesseur, Vierge, au commun du Breviaire,
Patron banal, pour ce que vous savez,
De ces Bâtards nommés Enfans-Trouvez.
A ce discours chacun se prit à rire,
Mais Belphégor se levant lui dit, Sire,
En écoutant avec attention
Ce Manuscrit, excellent protocole
De sa plus sale abomination,
Fait en un mot pour nos maîtres d'école,
J'ai pensé, moi, qu'il peut être dicté
Par notre ami le Seigneur Asmodée,
Le vrai Docteur d'une ame débordée,
Et professeur en fait d'impureté.
Maître Asmodée à ce galant reproche
Levant en l'air une main sale & croche,
Se récria : c'est à tort, Monseigneur,
Qu'on met ici cet écrit sur mon compte,
On me fait même en cela trop d'honneur :
Car entre nous, je l'avoue à ma honte,
Je ne pourrois, Messieurs, c'est un fait sûr,
Si bien dépeindre, en style si lubrique,
Tous les ressorts de mon esprit impur.
Quant à l'Auteur, il est bien de ma clique,
C'est mon éleve, & dès ses jeunes ans,
J'ai cultivé ses mœurs & ses talens ;
J'ai réussi pleinement, je m'en pique,

Je lui servois alors de Précepteur ;
Je l'ai depuis fait mon Prédicateur,
Mon Lieutenant, mon premier Sécrétaire ;
Et le chef-d'œuvre, hélas ! qu'il vient de faire,
Est un garant de sa capacité ;
Qui que ce soit de nous ne l'a dicté,
Et dans son cœur, puisqu'il faut vous le dire,
Il a puisé tout ce qu'on vient de lire :
Il est bien vrai qu'avant que de l'écrire,
Il m'invoqua, je fus le voir soudain,
Et l'embrassant je soufflai dans son sein
Tout le poison de mes feux impudiques ;
Je fis passer devant ce Libertin
Les traits hardis & les tableaux cyniques
Peints sous mes yeux jadis par Aretin :
Puis je lui dis : vois cette perspective,
Elle te plaît, t'enchante, te ravit,
Suis les écarts de ta verve lascive,
Ecris, mon cher .... le Satyre écrivit.
Ah, s'écria le Prince à face noire,
Quel heureux fond ! l'excellent naturel
De son génie ! exaltons-en la gloire.
Au grand Voltaire érigeons un Autel.
Cher Asmodée, ô patron des Toupies !
Que sous vos yeux à l'instant Griffael
De cet écrit tire mille copies ;

Que nos sujets puissent les lire tous ;
Car je prétends qu'en ces sombres demeures
Chacun sur soi les porte en guise d'heures,
Vous Philopode enfant de tous les gouts,
Dût en crever la cabale d'envie,
Expediez un Brevet à l'Auteur
D'associé dans notre Académie.
Ainsi parla notre Maître & Seigneur :
Moi qui pour toi me sens rempli de zele,
Et qui te dois sans doute du retour,
Pour avoir sçu mettre en aussi beau jour,
Si fort en vogue, & même en parallele
Mes grands talens & ceux de mon mulet,
Je t'ai sur l'heure écrit ce grand billet
Pour t'annoncer cette heureuse nouvelle.
Il n'est besoin de te faire valoir,
Le brillant grade & cet honneur insigne
Où Lucifer t'admet d'un grand pouvoir,
Tu le sens bien & de plus en es digne !
Adieu, mon cher, adieu jusqu'au revoir,
Qu'avec plaisir dans notre ardente étuve
Je te verrai descendre un de ces jours !
En attendant je vais chauffer toujours
Et ta cuvette, & ta fatale cuve,
Où l'on t'apprête un petit lit souffré,
Dès qu'avec nous tu seras engouffré.

Tu trouveras, je t'en préviens d'avance,
Dans ce pays des gens de connoissance :
Dépêche, accours, tes amis des Enfers
Te recevront chacun à bras ouverts.

Vers sur le Poëme de la Pucelle.

Il s'est abatu par l'extravagance de sa force. Montaigne l. 1. ch. 36. en parlant de Lucain.

LA nouveauté, quelqu'en soit l'avantage,
Ne fit jamais tout le prix d'un Ouvrage.
Du jugement l'équitable clarté
Des préjugés dissipe le nuage,
Et ne nous fait donner notre suffrage
Que lorsqu'il est à bon droit mérité.
C'est de la mode être bien entêté,
Que de prôner pour gentille pucelle
Une hideuse & sale perronelle,
Rebut honteux de rustres, de valets,
Digne suppôt des plus vils cabarets.
Notez encor que dans votre grimoire
On lisoit mal * cette piteuse histoire ;
Il y manquoit élégans affiquets,
Riches clinquants, brillans colifichets ;
Que nous avons avec l'aide d'un Sage

* Tous les imprimés & les manuscrits sont pleins de fautes.

Restitués presque de page en page :
Pour la Honnir & la Vilipender,
Besoin n'étoit de la tant ravauder ;
De ses hauts faits nous n'avions l'ame éprise ;
Nul ornement n'a pû l'achalander.
Voyez un peu la pénible entreprise,
Que de garder pendant un an entier
Son pucelage offert au Muletier !
Ce monstrueux, ce hardi pucelage,
Dont n'eût voulu Moine, Laquais, ni Page.
Ce bijou rare à la sotte resta,
Parce qu'après nul autre il ne tenta,
Fors un galant portant longues oreilles,
Qui ne fit rien & promettoit merveilles.
Nous n'y voyons de l'un à l'autre bout
Que rêve creux d'un immodeste crâne,
Brides à veaux, & contes de peaux d'âne,
Faits entassés sans justesse & sans goût,
Comparaisons froides & Monotones,
Malheureux choix de lieux & de personnes,
Et saletés brochantes sur le tout.
Nous exceptons cependant sœur Besogne
Jouant son rôle avec quelque vergogne,
Jeune, naïve, & que le cœur absout
Très-volontiers d'un peu de paillardise
Pour sa vaillance & pour sa mignardise.

La belle Agnès qui craignant l'embarras
De résister à ce que lui propose
Ou l'Aumônier ; ou Chandos, ou Monrose,
Fuit gauchement & tombe à chaque pas,
De tous les trois tour à tour dans les bras,
Toujours aimable & toujours ingenue,
Toujours de crainte ou de plaisir émue :
L'aimable Page au tein brillant & frais,
Qui dans son cœur fait pancher la balance,
Riche en talents, comme pourvû d'attraits,
Sur Charles même ayant la préférence ;
Tel autrefois l'élégant Adonis
L'avoit sur Mars dans le cœur de Cypris.
Nous approuvons encor la prévoyance
Du gros Bonneau, qui sage sans fracas,
De tous les maux ne craint que l'abstinence,
Et prend le soin d'en prévenir le cas.
Otez enfin quelques traits de satyre,
Quelques portraits brillans & pleins de feu,
Et reliez le reste en papier bleu ;
Pour être joint à Pierre de Provence,
Richard sans peur, les douze Pairs du France,
Et ce fatras de sublimes écrits,
Qui du Pont-Neuf forment les beaux Esprits,
Dussions-nous voir la présente critique
Tenir son rang dans la même Boutique.

FIN.

Extrait des Oeuvres mêlées de M. l'abbé de Bernis, en prose et en vers. page 47. Genève (Paris) 1753.

....

Répons-moi, célèbre Voltaire,
Qu'est devenu ce coloris,
Ce nombre, ce beau caractère
Qui marquoit tes premiers écrits;
Quand ta plume vive et légère
Peignoit la joie enfant des ris,
Le vin saillant dans la fougère,
Les regards malins de Cypris,
Et tous les secrets de Cythère?
Alors de l'héroïque épris,
Tu célébrois la violence
Des Seize tyrans de Paris,
Et la généreuse clémence
Du plus vaillant de nos Henris.
Alors la sublime éloquence
Te pénétrait de ses chaleurs;
Les graces et la véhémence
Se marioient dans tes couleurs;
Et par une heureuse inconstance
De ton esprit en abondance
Sortoient des foudres et des fleurs.
Mais cette chaleur se relâche

Qui

Qui se répandoit sur ses vers,
Par ses grands travaux modérée,
Semble enfin s'être évaporée
Comme un nuage dans les airs.
. . . .

Epigramme, qui termine le volume de la Pucelle, édition in-24. Londres 1756. page 140.

À l'oeuvre on connoît l'ouvrier :
En lisant la sale Pucelle,
Amis, pourquoi vous récrier
Sur l'esprit dont elle étincelle ?
C'est du Voltaire.... et tout en beau,
Tout plait chez lui jusqu'au blasphême,
Lorsqu'on y trouve le tableau
D'un auteur qui s'est peint lui-même./.

Voltaire ne crie pas perpétuellement contre la Religion, que parce qu'elle l'importune. On ne pense pas à une chose qui n'affecte point. La Berlue, page 120. Londres (Paris) à l'enseigne du lynx. 1759.

Le fier Satan son ennemi juré,
Dit qu'en son cœur il a mis tant de glace,
Que maintenant il en brave l'audace ;
Je suis, dit-il, de sa perte assuré.
Il a si fort son Dieu deshonoré,
Son dieu qui seul a toute l'efficace
De l'échauffer d'un rayon de sa grâce,
Que je le tiens pour un désespéré.

Pensées du Serviteur de la Vierge [illegible] Saint Amour, [illegible] 1640.

Extrait de l'Epître du diable à M. de Voltaire à Genève. 1760. p. 10. 8°. (par Claud. Marie Giraud médecin, de Salins.)

. . . .

Mais ton prodige de savoir,
C'est ta Pucelle incomparable.
Il ne nous manquait plus que ce livre admirable
Pour consommer ta gloire, et combler mon espoir.
Que de riants tableaux ! que de jolis blasphèmes !
Oh ! que tu dois t'en applaudir !
Ton esprit y surpasse, il en faut convenir,
Nos intelligences suprêmes :
Je défierais tous les enfers,
Le diable le plus docte en cynique peinture,
De forger en dix ans un écrit si pervers,
Si fertile en scandales, aussi riche en ordure,
Lorsque tu publias ce volume charmant,
Ce modèle parfait de rimes dissolues,
J'en eus tant de plaisir et de contentement,
Que trois ou quatre fois j'épiai le moment
De te happer, en planant dans les nues.
Je brûlais de payer tant d'utiles forfaits
Dans cette demeure profonde ;
Mais j'ai senti que pour nos intérêts,
Il valait mieux encor te laisser dans le monde,
Où tu sers l'enfer avec tant de succès.

. . . .

6. 7bre 1760.

Extrait d'une brochure intitulée, Ma Confession; par M. de Voltaire. Genève, frères Cramer, 1760. p. 13.

Ma Pucelle, en ses chants, honteux tissu d'horreurs,
Offrit à l'univers l'excès de mes fureurs,
Et j'osai rassembler dans ce poëme infâme
Tout ce que peut l'enfer inspirer à mon ame.

Extrait d'une autre brochure intitulée: Relation de la Maladie, de la Confession, de la fin de M. de Voltaire, et de ce qui s'ensuivit, par moi Joseph Dubois (son valet-de-chambre) Genève, (Paris) 1761, in-12. 70 p.

p. 38. Volt. dit de lui-même: Il surpassa tous les auteurs, et le monde étonné lui décerna par acclamation le titre de génie universel.... il s'éleva au dessus des forces ordinaires de l'humanité; il est quant aux talens, la plus parfaite créature qui soit sortie des mains de Dieu.

Je ne vous parlerai point de ma pucelle d'Orléans; c'est une oeuvre de bordel. Il résulte de la lecture de Candide qui fut crée en un cloaque d'horreurs et d'abominations...; j'en ai composé plus d'un chapitre dans des accès de migraine.

p. 49. Le Confessant. Entre nous, votre confession est assez drole, et vous n'y dites pas tout.
Volt. C'est un effet de l'art.... Il n'est rien de plus facile que de dire tout; mais il ne faut pas faire tout ce qui est facile.

p. 53. 54. J'ai rebâti des eglises, ridiculisé les jansénistes, composé des vers pour le pape, fait l'aumone à pleines poches

et

et friponné des juifs. J'ai donné un
poème épique à la France. J'ai épuré
la religion ; j'ai crié contre tous les abus, et
j'ai réussi à en faire supprimer quelques
uns ; comme par exemple, les banquettes
sur nos théâtres. Je me suis enrichi ; j'ai
vécu dans les plaisirs et l'abondance. Je
me suis couvert de gloire, et j'ai écrit
jusqu'au dernier soupir.* Mais il est
temps de terminer ma confession ;
car c'est un péché d'être ennuyeux.
Voilà tout, mon père....

---

* Et son âme en rimant dans les
ombres s'enfuit.

Sarasin. Trad. du 3e ch. de l'Énéide.

L'Amour, au lecteur de la Pucelle.

Je viens calmer la rigueur de tes maux ;
Prens ce livret ; de la galanterie
Il est la fleur ; c'est l'élixir des mots,
Du vrai jargon chéri dans mes ruelles ;
Ce talisman moissonna autant de belles
Qu'aux yeux de Mars, la valeur des Français
A terrassé de généreux anglais.

. . . . . .

Prens cet écrit ; je l'ai fait approuver
Par le Plaisir, mon censeur de Cythère.
Une leçon, que cette feuille insère,
A ta maîtresse ira bientôt prouver
Que chaque cœur de mes sujets tributaire,
Doit mes païens sa capitation.
Que ce recueil dont ainsi on s'amuse
À Licoris* soit offert en hommage

* lisez Lictoris, suivant l'errata. (anagramme de clitoris, nommé en italien bremborione. Ce brimborion procure bien du plaisir aux femmes lubriques qui le cajolent avec le doigt index, faute de mieux.)

Zoé elle en recita une seule raison,
J'y gagnerai plus d'un pelerinage;
Qu'à mes autels promettra le tendron,
A frais communs vous ferez le voyage.
De par mon arc... j'y mettrai la façon.

L'Amour parla, soudain dans un nuage,
Il disparoit pour remonter aux cieux.
L'air retentit du bruit de son passage,
Et sillonna quelque chiffre amoureux.

El-Levuon-na, poëme
Heroï-fou. Chant 2. à
Brochuromanie, l'an 15200500l000.
(id est 1751.)

Sur la lecture de la pu...

Mille romans où l'auteur s'abandonna
Donne des portraits aussi faux qu'ennuieux;
Ne valent pas la moindre miniature
Qui rit au cœur dans ce recueil heureux;
Les vers y sont enfans de la nature,
Et les écarts n'y blessent point les yeux.
Sur chaque trait on sent bondir son âme,
Vous l'avez lu, convenez-en, madame.

le même, chant 10.

---

mot du Logogriphe au commencement de ce recueil est
ltaire. où se trouvent. Roi, toise, vie, laure, air,
, rone, voile, lait, olive, or, aile, role, eau,
l, viol, livre, lit, lie, art, airé, Roie, lyre.

www.ingramcontent.com/pod-product-compliance
Lightning Source LLC
LaVergne TN
LVHW050534100826
845148LV00002B/558
9782012683464